W0463835

LA COLÈRE

DU MÊME AUTEUR :

La Sérénité de l'Instant, Dangles, 1992.
La Plénitude de l'Instant, Dangles, 1993.
Le Miracle de la Pleine Conscience, L'Espace bleu, 1994.
La Vision profonde, Albin Michel, 1995.
Le Cœur de la Compréhension, Village des Pruniers, 1995.
La Respiration essentielle, Albin Michel, 1996.
Sur les traces de Siddharta, Lattès, 1996.
Bouddha vivant, Christ vivant, Lattès, 1996.
L'Esprit d'amour, Lattès, 1997.
L'Enfant de pierre, Albin Michel, 1997.
Transformation et Guérison, Albin Michel, 1997.
Clés pour le Zen, Lattès, 1999.
Changer l'avenir : pour une vie harmonieuse, Albin Michel, 2000.
Feuilles odorantes de palmier, La Table ronde, 2000.
Entrer dans la liberté, Dangles, 2000.
Vivre en Pleine Conscience, Terre du ciel, 2000.
Le Cœur des enseignements de Bouddha, La Table ronde, 2000.
Toucher la vie, Dangles, 2001.

Thich Nhat Hanh

LA COLÈRE

Transformer son énergie en sagesse

Traduit de l'anglais par Loïc Cohen

JC Lattès

Titre de l'édition originale
ANGER
publiée par Riverhead Books,
une filiale de Penguin Putnam, Inc

© 2001 by Thich Nhat Hanh. Tous droits réservés.
© 2002 éditions Jean-Claude Lattès pour la traduction française.

Introduction

Le choix du bonheur

Être heureux, d'après moi, c'est souffrir moins. Sans transformation de la souffrance intérieure, le bonheur reste inaccessible.

Bon nombre de gens le recherchent à l'extérieur d'eux-mêmes, mais le véritable bonheur ne peut venir que de l'intérieur. Notre culture nous enseigne que le bonheur est déterminé par la richesse, le pouvoir et la position sociale. Cependant, si l'on observe de près la vie des gens riches et célèbres, on s'aperçoit que la plupart ne sont pas heureux et finissent souvent par mettre fin à leurs jours.

Le Bouddha, les moines et les nonnes de son temps, ne possédaient que trois robes et un bol. Mais ils étaient très heureux, parce qu'ils disposaient de quelque chose d'extrêmement précieux : la liberté.

Selon les enseignements du Bouddha, la condition essentielle au bonheur est la liberté, non pas sur le plan politique, mais sur celui de l'être profond. Il s'agit de se libérer de ces constructions mentales que sont la colère, le désespoir, la jalousie et l'illusion. Le Bouddha les considérait comme des poisons qui, lorsqu'ils subsistent dans nos cœurs, rendent le bonheur impossible.

Pour se libérer de la colère, il faut pratiquer, que l'on soit chrétien, musulman, bouddhiste, hindou ou juif. Nous ne pouvons demander au Bouddha, à Jésus, à Dieu ou à Mahomet d'extirper la colère de notre cœur à notre place. Il existe des instructions précises sur le moyen de transformer l'avidité, la colère et la confusion qui nous affectent. En suivant ces instructions et en apprenant à maîtriser notre souffrance, nous pourrons aider les autres à faire de même.

Devenir meilleur

Imaginons une famille où le père et le fils éprouvent de la colère l'un envers l'autre. Ils ne sont plus capables de communiquer. Le père est attristé et le fils également. Ils aimeraient se libérer de leur colère, mais ils ne savent pas comment faire.

Un bon enseignement est celui que l'on peut mettre directement en pratique, afin de transformer sa souffrance. Être en colère, désespéré ou jaloux, c'est comme être consumé par les feux de l'enfer. Un ami pratiquant peut nous apprendre à transformer ces émotions pénibles.

L'écoute compassionnelle soulage la souffrance

Le colérique souffre profondément. Sa douleur est telle qu'elle le remplit d'amertume : il est toujours prêt à se plaindre et à rejeter la responsabilité de ses problèmes sur autrui. C'est la raison pour laquelle on éprouve un grand malaise à l'écouter et que l'on s'efforce de l'éviter.

Pour comprendre sa colère, il faut apprendre à écouter et à s'exprimer avec compassion. Il existe un bodhisattva, un « être éveillé » qui est capable d'écouter très profondément avec beaucoup de compassion. On l'appelle Kwan Yin ou *Avalokiteshvara*, le bodhisattva de la grande compassion. Nous devons tous suivre l'exemple de ce bodhisattva. Ainsi, nous pourrons offrir une aide très concrète à tous ceux qui souhaitent mieux communiquer.

Ce genre d'attitude peut apaiser l'autre. Toutefois, même si vous êtes animé des meilleures intentions, vous ne pourrez pas atteindre l'écoute profonde tant que vous n'aurez pas assimilé l'art de l'écoute compassionnelle. Quand vous serez capable de le faire calmement pendant une heure, vous pourrez soulager l'autre d'une grande partie de son mal-être. À ce moment-là, votre seul objectif sera de permettre à l'autre de s'exprimer et trouver ainsi l'apaisement. Gardez vivante votre compassion durant toute la durée de l'écoute.

Restez très concentré durant l'exercice. Focalisez toute votre attention, tout votre être – vos yeux, vos oreilles, votre corps et votre esprit – sur cette pratique. Si vous faites seulement semblant, si vous n'écoutez pas de tout votre être, l'autre le sentira, et vous n'obtiendrez aucun résultat. Quand vous saurez respirer consciemment et rester concentré sur le désir d'aider l'autre, vous serez en mesure de conserver votre compassion durant l'écoute.

L'écoute compassionnelle est une pratique très profonde. Il ne s'agit pas de juger ou de condamner. Vous devez rester attentif dans le seul but d'atténuer la peine de l'autre, qu'il s'agisse de votre père, de votre fils, de votre fille, de votre compagnon ou compagne. Vous pourrez ainsi les aider à transformer leurs émotions négatives.

Une bombe prête à exploser

Je connais une femme de confession catholique qui vit en Amérique du Nord. Elle souffrait énormément parce qu'elle entretenait une relation très difficile avec son mari. C'étaient des gens instruits, ils avaient tous deux un doctorat. Pourtant, son époux vivait un cauchemar. Il était en guerre avec sa femme et avec tous ses enfants. Il était incapable de leur parler. Chacun, dans cette famille, s'efforçait de l'éviter, parce qu'il était comme une bombe prête à exploser. Sa colère était immense. Il était persuadé que sa femme et ses enfants le méprisaient, car personne ne voulait s'approcher de lui. En réalité, sa femme et ses enfants avaient tout simplement peur de lui. Ils craignaient de l'approcher car il pouvait exploser à n'importe quel moment.

Un jour, cette femme voulut mettre fin à ses jours car elle ne pouvait plus supporter de telles conditions de vie. Mais, avant de mettre son projet à exécution, elle appela une amie qui pratiquait le bouddhisme pour la mettre au courant de ses intentions. Cette amie lui avait proposé à plusieurs reprises de pratiquer la méditation, mais elle avait systématiquement décliné l'offre sous prétexte que sa religion lui interdisait de suivre ces enseignements.

Cet après-midi-là, quand son amie apprit qu'elle s'apprêtait à mettre fin à ses jours, elle lui dit au téléphone : « Tu prétends que tu es mon amie, et voilà que tu vas mourir. La seule chose que je te demande est d'écouter la parole de mon maître, mais tu refuses. Si tu es vraiment mon amie, alors, s'il te plaît, saute dans un taxi et viens écouter cette cassette ; après tu pourras mourir si tu le souhaites. »

Quand la femme arriva chez son amie, celle-ci la fit asseoir seule dans son salon pour qu'elle puisse écouter tranquillement un discours dharmique sur la restauration de la communication. L'écoute – qui dura entre une heure et une heure et demie – entraîna une profonde transformation dans son être. Elle découvrit beaucoup de choses. Elle prit conscience qu'elle était en partie responsable de sa propre souffrance, qu'elle avait profondément blessé son mari et qu'elle avait été totalement incapable de lui venir en aide. En fait, elle n'avait fait qu'accroître chaque jour un peu plus sa souffrance en l'évitant systématiquement. Grâce à la parole du Dharma, elle apprit que, pour aider autrui, il faut être capable d'écouter profondément et avec compassion, ce qu'elle avait été incapable de faire au cours des cinq dernières années.

Désamorcer la bombe

Après le discours sur le Dharma, elle se sentit éclairée. Elle voulut rentrer chez elle afin d'aider son mari. Mais son amie bouddhiste l'en dissuada : « Non, tu ne devrais pas le faire aujourd'hui parce que l'écoute compassionnelle est un enseignement très profond. Il faudrait que tu t'entraînes pendant au moins une ou deux semaines pour être capable d'écouter comme un bodhisattva. » Elle invita donc son amie catholique à participer à une retraite pour en apprendre davantage sur le sujet.

Quatre cent cinquante personnes participaient à cette retraite. Pendant six jours, nous avons mangé, dormi et pratiqué ensemble. Nous nous sommes exercés à la respiration consciente – attentifs à l'inspiration et l'expiration, afin d'accorder le corps et l'esprit – et la marche consciente, en consacrant le meilleur de nous-mêmes à chaque pas. Enfin, nous avons expérimenté la méditation assise. Tout cela pour observer et comprendre notre souffrance.

Les participants ont écouté les discours sur le Dharma et chacun a pratiqué concrètement l'art de l'écoute profonde et de la parole aimante, afin de comprendre la souffrance d'autrui. La femme catholique fut très assidue, très sérieuse, parce que, pour elle, c'était une question de vie ou de mort.

Quand elle rentra chez elle, après la retraite, elle était très calme et son cœur était rempli de compassion. Elle désirait vraiment aider son mari à désamorcer la bombe qui se trouvait dans son cœur. Elle se déplaçait très lentement, au rythme de sa respiration, pour conserver son calme et nourrir sa compassion. Son mari remarqua qu'elle avait changé. Elle se rapprocha de lui et s'assit calmement à son côté, un geste dont elle avait perdu l'habitude depuis cinq ans.

Elle resta un long moment silencieuse – peut-être dix minutes. Puis, elle lui prit doucement la main et lui déclara : « Mon chéri, je sais que tu as beaucoup souffert au cours des cinq dernières années, et j'en suis vraiment désolée. Je sais que je porte une lourde responsabilité : non seulement j'ai été incapable de t'aider, mais je n'ai fait qu'aggraver la situation. J'ai fait trop d'erreurs et je t'ai fait beaucoup de mal. J'en éprouve un immense chagrin. J'aimerais que tu me donnes une chance de réparer mes torts. J'aimerais te rendre heureux. Jusqu'ici, je n'ai pas su comment m'y prendre, et, jour après jour, je n'ai fait qu'envenimer les choses. Je ne veux plus continuer ainsi. Aussi, mon chéri, je t'en prie, aide-moi. J'ai besoin de ton aide pour mieux te comprendre et pour t'aimer mieux. Je t'en prie, dis-moi ce que tu as sur le cœur. Je sais que ta peine est immense, mais il me faut en comprendre la nature pour éviter de commettre à nouveau les mêmes erreurs. Sans toi, je n'y arriverai pas. Il faut que tu m'aides à trouver la bonne attitude. Je n'ai qu'une envie : t'aimer. » Alors, le mari se mit à pleurer comme un petit garçon.

Des années durant, sa femme s'était montrée très revêche. Elle criait sans cesse et, de sa bouche, ne sortaient que des paroles pleines d'amertume et de reproches. Ils se disputaient sans cesse. Il y avait fort longtemps qu'elle ne lui avait pas parlé de la sorte, avec autant d'amour et de tendresse. Lorsqu'elle vit son époux pleurer, elle comprit qu'elle avait une chance de changer leur relation. La porte du cœur de son mari, qui s'était refermée, commençait à s'ouvrir de nouveau. Elle savait qu'il lui faudrait être très prudente, aussi poursuivit-elle sa pratique de la respiration consciente. Elle lui dit : « Je t'en prie, mon chéri, dis-moi ce que tu as sur le cœur. Je veux te découvrir pour ne pas faire les mêmes erreurs. »

Si cette femme et son mari étaient des intellectuels leur vie de couple était néanmoins devenue un cauchemar parce qu'ils ne savaient pas être attentifs l'un à l'autre. Ce soir-là, elle pratiqua l'écoute compassionnelle avec grand art, ce qui leur fut très bénéfique. Au bout de quelques heures, ils s'étaient réconciliés.

Un enseignement juste pour une pratique juste

Si votre pratique est juste, vous n'aurez besoin que de quelques heures pour connaître la transformation et la guérison. Il ne fait pour moi aucun doute que cette femme catholique s'était montrée très efficace ce soir-là : elle convainquit même son mari de participer à une retraite.

Celle-ci dura six jours et, à la fin, son époux fit lui aussi l'expérience d'un grand changement. Lors d'une méditation du thé, il présenta sa femme aux autres retraitants et leur dit : « Mes chers amis, mes chers compagnons, j'aimerais vous présenter un bodhisattva, un grand Être. Il s'agit de ma femme, un grand bodhisattva. Au cours des cinq dernières années, je lui ai fait beaucoup de mal, je me suis montré profondément stupide. Cependant, grâce à la pratique, elle a complètement modifié la situation. Elle m'a sauvé la vie. » Après cela, ils racontèrent comme ils en étaient venus à participer à cette retraite, comment ils avaient pu se réconcilier et ranimer leur amour.

Quand un agriculteur s'aperçoit que son engrais est inefficace, il est bien obligé d'en changer. Nous devons faire de même. Si, après plusieurs mois, notre pratique n'a apporté ni transformation ni guérison, il nous faut reconsidérer les choses, changer de méthode et trouver la pratique appropriée, susceptible d'améliorer notre existence et celle des gens que nous aimons.

Chacun de nous peut réussir, à condition de recevoir le bon enseignement. Si vous pratiquez très sérieusement, si vous en faites une question de vie ou de mort, alors, comme cette femme catholique, vous pourrez tout changer.

Rendre le bonheur possible

Nous vivons à une époque où fleurissent les moyens de communication sophistiqués. L'information peut atteindre l'autre bout de la planète en quelques instants. Pourtant, de nos jours, le dialogue entre les gens est devenu extrêmement difficile. Si nous ne réussissons pas à rétablir une bonne communication, nous ne connaîtrons jamais le bonheur. Dans l'enseignement bouddhiste, l'écoute compassionnelle, la pratique de la parole aimante et celle de la prise en compte de la colère sont exposées très clairement. Nous devons expérimenter l'enseignement du Bouddha sur l'écoute profonde et la parole aimante, afin de rétablir la communication et d'apporter le bonheur dans notre famille, dans notre école et dans notre communauté. Alors, nous pourrons aider d'autres personnes dans le monde.

1.

Absorber la colère

Nous avons tous besoin d'apprendre à maîtriser notre colère. Pour ce faire, nous devons accorder davantage d'attention à l'aspect biochimique de cette émotion, car elle s'enracine aussi bien dans notre corps que dans notre esprit. Lorsqu'on l'analyse, on découvre ses éléments physiologiques. Nous devons accorder la plus grande attention à ce que nous mangeons, buvons, consommons, et à la manière dont nous gérons notre corps.

La colère n'est pas à proprement parler une réalité psychologique

L'enseignement du Bouddha nous apprend que le corps et l'esprit ne sont pas séparés mais liés l'un à l'autre. La colère n'est pas seulement une réalité mentale. Le bouddhisme désigne cet ensemble corps-esprit sous le terme de *namarupa*. *Namarupa* est à la fois la psyché et le soma, entité unique. La même réalité peut parfois prendre la forme de l'esprit, et parfois celle du corps.

En étudiant en profondeur la nature d'une particule élémentaire, les scientifiques ont découvert qu'elle se manifestait parfois comme une onde, et parfois comme une particule. Une onde et une particule sont deux choses très différentes. Et pourtant, l'onde et la particule sont une seule et même chose. C'est pourquoi les scientifiques ont décidé de nommer la particule élémentaire « ondicule », en associant les deux mots « onde » et « particule ».

Il en est de même pour l'esprit et le corps. Notre conception dualiste des choses nous incite à penser que l'esprit et le corps sont deux entités bien distinctes. Toutefois, en examinant les choses en profondeur, nous découvrirons que le corps est esprit, que l'esprit est corps. Si nous arrivons à dépasser cette conception dualiste, nous nous rapprocherons de la vérité.

Bon nombre de gens commencent à réaliser que ce qui se produit dans le corps se produit également dans l'esprit, et vice et versa. La médecine moderne a découvert qu'une maladie physique peut être la manifestation d'une maladie de l'âme. De même, un trouble de l'esprit peut être lié à une maladie physique. Le corps et l'esprit ne sont pas deux entités distinctes : ils ne font qu'un. Nous devons prendre grand soin de notre corps si nous voulons maîtriser notre colère. Il est en particulier très important de faire attention à ce que nous mangeons et consommons.

Nous sommes ce que nous mangeons

La colère, la frustration et le désespoir sont en relation étroite avec l'organisme et les aliments consommés. C'est pourquoi nous devons élaborer une stratégie nutritive, une façon de consommer qui nous protège de ces émotions. L'alimentation est l'un des aspects de la civilisation. Le mode de production, le genre de nourriture que nous absorbons, et la façon dont nous les mangeons sont intimement liés à la civilisation parce que les choix que nous faisons peuvent favoriser la paix et soulager les souffrances.

Notre alimentation peut jouer un rôle déterminant dans notre vie émotionnelle. Elle peut contenir de la colère. Il faut savoir que la chair d'un animal atteint de la maladie de la vache folle contient de la colère. Il en est de même pour d'autres types d'aliments. L'œuf ou le poulet peuvent également contenir beaucoup de colère, que nous consommerons et manifesterons plus tard, inéluctablement.

De nos jours, les poulets sont élevés dans des fermes industrielles, où ils ne peuvent ni marcher, ni courir, ni rechercher leur nourriture dans le sol. Ils sont nourris uniquement par des êtres humains. On les entasse dans de petites cages où ils peuvent à peine bouger. Ils restent debout jour et nuit. Imaginez-vous subir le même sort... Vous deviendriez fou. Et c'est précisément ce qui arrive aux poulets.

Pour accroître la production d'œufs, les producteurs ont imaginé de créer une alternance artificielle de lumière et d'obscurité. Ils utilisent un éclairage intérieur pour raccourcir le jour et la nuit, afin que les poules croient que vingt-quatre heures se sont écoulées et produisent ainsi davantage d'œufs. Ces poules sont porteuses de beaucoup de colère, de frustration et de souffrance. Elles expriment ces émotions en attaquant leurs congénères. Elles se blessent les unes les autres avec leur bec, et certaines en meurent. Les producteurs ont alors eu l'idée de leur couper le bec.

Ainsi, quand vous consommez la chair ou les œufs de ces volailles, vous ingérez en réalité des émotions violentes. Aussi, faites attention. Choisissez soigneusement vos aliments. Si vous consommez de la colère, vous deviendrez colérique ; il en va de même pour le désespoir. Si vous avalez de la frustration, vous éprouverez un sentiment de frustration.

Nous devrions manger uniquement des œufs « heureux » issus de poules heureuses. Nous devrions éviter le lait issu de vaches en colère, et choisir uniquement du lait biologique, et faire notre possible pour encourager les producteurs à élever ces animaux d'une manière plus charitable. Nous devrions également acheter des légumes de l'agriculture biologique. Ils sont plus chers mais, pour compenser, nous pouvons en consommer moins. Nous pouvons apprendre à manger moins.

Absorber la colère par les autres sens

Nous ne nous nourrissons pas que d'aliments comestibles, nous consommons également certains produits avec nos yeux, nos oreilles et notre conscience. Ceux-ci peuvent également favoriser les sentiments de colère. Il est donc très important de développer une stratégie de consommation.

Ce que nous lisons dans les magazines, ce que nous voyons à la télévision peut avoir des effets néfastes. Un film, comme un morceau de bifteck, peut contenir de la colère, que vous absorberez inéluctablement. Les articles de journaux, une simple conversation sont, eux aussi, potentiellement dangereux.

Il peut vous arriver de vous sentir seul, d'avoir envie de parler à quelqu'un. En une heure de conversation, les paroles de votre interlocuteur peuvent grandement vous intoxiquer. Vous pourriez ainsi absorber beaucoup de colère, que vous exprimerez plus tard. La consommation consciente est donc très importante. Écouter les informations, lire un article de journal, discuter avec des gens, ou manger sans conscience sont sources d'une même intoxication.

Manger bien, manger moins

Il y a ceux qui se réfugient dans la nourriture pour oublier leur mal-être. Les excès alimentaires engendrent des troubles digestifs et favorisent ainsi les accès de colère. Ils produisent également un trop-plein d'énergie. Si l'on ne sait pas la gérer, cette énergie pourra se transformer en colère, en débordements sexuels ou en violence.

Bien manger, c'est manger moins. Notre organisme n'a besoin que de la moitié des calories que nous absorbons chaque jour. Pour bien nous nourrir nous devrions mastiquer nos aliments environ cinquante fois avant de les avaler. Mâcher très lentement permet de transformer les aliments dans la bouche en une sorte de liquide, et d'absorber ainsi beaucoup plus d'éléments nutritifs que lorsque l'on consomme rapidement une grande quantité de nourriture, mal digérée.

Manger est une pratique profonde. Chaque bouchée me procure un grand plaisir. Je suis conscient des aliments, je suis conscient d'être en train de manger. Au village des Pruniers, nous pratiquons l'alimentation consciente – nous savons ce que nous mastiquons –, et nous le faisons soigneusement en éprouvant une grande joie. De temps en temps, nous nous interrompons, en signe de communion avec nos amis, notre famille ou notre Sangha (communauté de pratique). Chacun considère qu'il est merveilleux de mâcher tranquillement, sans s'inquiéter de quoi que ce soit. Lorsqu'on se nourrit avec conscience, on ne mange pas sa colère, son anxiété ou ses projets. On mastique des aliments, préparés avec amour par d'autres. C'est très agréable.

Sous cette forme, la nourriture a vraiment très bon goût. Pourquoi ne pas essayer de manger ainsi dès aujourd'hui ? Soyez conscient de chaque mouvement de votre bouche. Vous découvrirez que les aliments sont absolument délicieux, même s'il ne s'agit que d'un morceau de pain, sans beurre, ni confiture. C'est merveilleux. Peut-être buvez-vous du lait. Personnellement je n'en bois jamais. Je le mastique. Quand je porte un morceau de pain à ma bouche, je mâche pendant un moment en toute conscience, puis je prends une cuillerée de lait et je continue de mastiquer en conscience. Vous ne pouvez pas imaginer à quel point il est agréable de déguster ainsi un morceau de pain avec un peu de lait.

L'aliment devenu liquide, grâce à l'action de la salive, est déjà à moitié digéré, ce qui facilite grandement son assimilation dans l'estomac et les intestins. La plus grande partie des éléments nutritifs du pain et du lait seront ainsi absorbés par l'organisme. Vous éprouverez beaucoup de plaisir et un formidable sentiment de liberté tout au long de la mastication. En mangeant de la sorte, vous consommerez naturellement moins.

En vous servant, méfiez-vous de vos yeux. Ce sont vos yeux qui vous poussent à trop manger. Vous n'avez pas besoin de telles quantités. Une alimentation consciente et joyeuse permet de diminuer de moitié la nourriture que les yeux poussent à consommer. Je vous en prie, essayez. Le fait de mastiquer quelque chose de très simple comme des courgettes, des carottes, du pain et du lait pourrait constituer le meilleur repas de votre vie. C'est merveilleux.

Bon nombre d'entre nous, au village des Pruniers – notre centre de pratique en France – ont fait l'expérience de cette alimentation, en mastiquant en Pleine Conscience, très lentement. Essayez, vous vous sentirez bien mieux dans votre corps et, par conséquent dans votre esprit, dans votre conscience.

Nous avons souvent « les yeux plus gros que le ventre ». Nous devons conférer à nos yeux l'énergie de la conscience afin de déterminer exactement ce dont nous avons besoin. Les Chinois nomment le bol utilisé par les moines et les nonnes « ustensile de la mesure juste ». Nous utilisons aussi ce genre d'ustensile pour éviter d'être mystifiés par nos yeux. Si la nourriture atteint le bord du bol, nous savons qu'elle est largement suffisante. Nous nous contentons alors de cette quantité. En mangeant ainsi, vous ferez des économies et vous pourrez acheter des aliments biologiques sans vous ruiner. Voilà quelque chose que nous pouvons tous faire, seuls, ou au sein de notre famille. Cela apportera un formidable soutien pour les agriculteurs qui s'efforcent de cultiver des produits sains, vivants et biologiques.

Le Cinquième entraînement à la Pleine Conscience

Nous avons tous besoin d'un régime alimentaire fondé sur notre volonté de vivre et de servir autrui, d'un régime qui fasse appel à notre intelligence. Les Cinq entraînements à la Pleine Conscience constituent le meilleur moyen de libérer le monde et chacun de nous de la souffrance (voir le texte complet à l'appendice B). La pratique du Cinquième entraînement consiste à examiner soigneusement notre mode de consommation.

Cet entraînement concerne la consommation consciente, l'adoption d'un régime alimentaire qui peut nous libérer et libérer la société :

> « Conscient de la souffrance provoquée par une consommation irréfléchie, je fais vœu d'entretenir une bonne santé physique et mentale – pour mon propre bénéfice, celui de ma famille et de la société – par la pratique de la Pleine Conscience lorsque je mange, bois ou consomme. Je fais vœu de consommer uniquement des produits qui entretiennent la joie, le bien-être et la paix, tant dans mon corps que dans mon esprit, que dans le corps et la conscience collective de ma famille et de la société. Je suis déterminé à ne pas faire usage d'alcool, ni d'aucune autre forme de drogue. Je m'engage à ne prendre aucun aliment ou produit contenant des toxines, comme certaines émissions de télévision, certains magazines, livres, films ou conversations... »

Pour maîtriser vos émotions négatives, vous devriez essayer de vivre selon ce précepte. Si vous buvez de l'alcool en Pleine Conscience, vous découvrirez que celui-ci peut aussi être source de souffrance. Les céréales que l'on utilise pour le produire auraient pu contribuer à soulager quelque peu la faim dans le monde. Manger et boire en Pleine Conscience permet de bien comprendre cela.

Abordez cette question avec les gens que vous aimez, et les membres de votre famille, y compris les enfants. Ces derniers sont capables de comprendre cette problématique, aussi devraient-ils participer à ce genre de discussions. Ensemble, vous pouvez prendre des décisions sur ce qu'il convient de manger, de boire, sur les émissions de télévision que l'on peut regarder, sur ce que l'on peut lire, et sur le type de conversations appropriées. Cette stratégie n'a d'autre but que d'assurer votre propre protection.

Parce qu'elle leur est étroitement liée, on ne peut évoquer la colère et la façon de la maîtriser sans examiner attentivement tous nos produits de consommation. Exposez aux membres de votre famille ou communauté les grandes lignes d'une stratégie de consommation en Pleine Conscience. Au village des Pruniers, nous faisons de notre mieux pour nous protéger. Nous nous efforçons de ne pas consommer des produits susceptibles d'alimenter notre colère, notre frustration et nos peurs. Dans ce but, nous discutons régulièrement de tout ce qui touche à notre alimentation, qu'il s'agisse d'aliments comestibles ou de produits culturels et matériels...

2.

Éteindre le feu de la colère

Sauvegarder sa maison

Quand quelqu'un nous blesse par ses paroles ou par ses actes, nous avons tendance à prendre des mesures de rétorsion, afin que cette personne souffre à son tour. Nous espérons ainsi diminuer notre propre tourment : « Je veux te punir. Je veux que tu souffres parce que tu m'as blessé, et quand je te verrai souffrir intensément, je me sentirai bien mieux. »

Bon nombre d'entre nous pensent qu'un comportement aussi puéril est justifié. En réalité, en agissant ainsi, vous inciterez l'autre à se venger. Il en résultera une escalade dans la souffrance de part et d'autre. En fait, vous avez tous deux besoin de compassion et d'aide, pas d'une punition.

Chaque fois que vous êtes blessé, irrité, regardez en vous-même et prenez grand soin de vos émotions. Ne dites rien, ne faites rien. Tout ce que vous pourriez dire ou faire sous l'empire de la colère pourrait détériorer encore plus votre relation.

Rares sont ceux qui font l'effort de se comporter ainsi. Nous sommes peu enclins à regarder en nous-mêmes. Nous voulons rendre coup pour coup afin de punir l'autre.

Si un incendie ravage votre maison, la chose la plus urgente à faire est de tenter de l'éteindre, et non de courir après celui que vous croyez être responsable. Si vous le pourchassez, les flammes réduiront votre maison en cendres. Il ne serait pas sage d'agir ainsi. Vous devez absolument tout faire pour l'éteindre. De même, lorsque vous êtes en colère, en continuant à vous disputer avec l'autre personne, en cherchant à la punir, vous agissez exactement comme celui qui court après l'incendiaire pendant que sa maison est dévorée par les flammes.

Comment étouffer les flammes

Le Bouddha nous a donné des outils très efficaces pour éteindre le feu qui nous dévore : respiration et marche conscientes, maîtrise de soi, analyse minutieuse de ses perceptions et compréhension de la souffrance d'autrui – toutes ces méthodes sont très utiles, et elles proviennent de l'enseignement du Bouddha.

Inspirer et expirer en conscience, c'est savoir que l'air pénètre dans le corps et se renouvelle. Ainsi, vous êtes en contact avec l'air et avec votre corps et, comme votre attention est fixée sur tout cela, vous êtes également en contact avec votre esprit, tel qu'il est. Il suffit d'une respiration consciente pour renouer le contact avec vous-même et avec tout ce qui vous entoure, et trois respirations conscientes pour maintenir ce contact.

À moins d'être assis ou allongé, vous êtes toujours

en mouvement. Mais où allez-vous ? Vous êtes d'ores et déjà arrivé. Chaque pas peut vous conduire dans l'ici et maintenant, dans la Terre Pure ou au Royaume de Dieu. Quand vous traversez une pièce, ou lorsque vous passez d'un immeuble à un autre, prenez conscience du contact de vos pieds avec le sol et du contact de l'air qui pénètre dans votre corps. Il ne serait pas inutile de compter le nombre de pas que vous effectuez aisément sur un inspir et sur un expir. En inspirant, dites « j'inspire » et, en expirant, « j'expire ». Ainsi, vous pratiquerez une marche de méditation tout au long de la journée. C'est un exercice que l'on peut accomplir en permanence, et qui a donc le pouvoir de transformer la vie quotidienne.

Nombreux sont ceux qui aiment lire des ouvrages sur les différents enseignements spirituels ou qui prennent plaisir à accomplir des rituels, mais qui n'aiment pas mettre en œuvre ces enseignements. Pourtant, quand nous faisons l'effort de pratiquer, ces enseignements nous transforment, quelles que soient nos croyances. Nous pouvons transformer notre « mer de feu » intérieure en un lac de fraîcheur. Alors, non seulement nous cesserons de souffrir, mais nous deviendrons une source de joie et de bonheur pour notre entourage.

À quoi ressemblons-nous quand nous sommes en colère ?

Chaque fois que vous êtes en colère, regardez-vous dans un miroir. Vous n'êtes pas très beau, vous n'êtes pas présentable. Une forte tension affecte les nombreux muscles de votre visage, qui ressemble à une bombe prête à exploser. Cette tension est inquiétante. La bombe peut exploser à tout instant. Il est donc très utile de s'observer soi-même dans ces circonstances. Quand on prend conscience de cette tension, on a envie de s'en libérer. On sait ce qu'il faut faire pour retrouver son éclat. Nul besoin d'un quelconque produit de beauté. Il suffit de respirer paisiblement, calmement, et de sourire en Pleine Conscience. Faites ce petit exercice à une ou deux reprises, et vous aurez bien meilleure apparence. Regardez-vous dans un miroir tandis que vous inspirez calmement et que vous expirez en souriant, et vous éprouverez un grand soulagement.

La colère, phénomène mental et psychologique, est aussi étroitement liée à des processus biologiques et biochimiques. Elle provoque une tension musculaire, mais il suffit de sourire pour se détendre et retrouver peu à peu son calme. Le fait de sourire permet à l'énergie de la Pleine Conscience de naître en soi, et l'on peut alors surmonter plus facilement ses émotions.

Autrefois, les serviteurs des rois et des reines devaient porter en permanence un petit miroir sur eux, parce que leur apparence devait toujours être parfaite quand ils se trouvaient en présence de leur souverain. Essayez cette méthode, et observez l'état de votre visage de temps à autre. Ensuite, inspirez à plusieurs reprises, souriez-vous, la tension disparaîtra et vous éprouverez un soulagement.

Maîtriser sa colère grâce au soleil de la Pleine Conscience

La colère est semblable à un enfant en pleurs qui a besoin d'être bercé dans les bras de sa maman. Vous êtes comme une mère pour votre « bébé colère ». La pratique de la respiration consciente vous donnera l'énergie d'une mère. Il vous suffira alors de prendre tendrement votre bébé dans vos bras, de le bercer, en inspirant et en expirant, et il en sera immédiatement soulagé.

Les plantes se nourrissent de la lumière du soleil. Tout végétal qui y est exposé subit une transformation. Le matin, les fleurs ne sont pas encore écloses. Mais dès que le soleil se lève, ses rayons les pénètrent. Les photons, les minuscules particules qui constituent la lumière du soleil, imprègnent peu à peu les fleurs qui, en les absorbant, finissent par éclore.

De la même manière, nos constructions mentales et physiologiques sont sensibles à la Pleine Conscience, laquelle prend soin de notre corps et de nos émotions pour les transformer. Selon le Bouddha et selon notre expérience, tout ce qui est touché par l'énergie de la Pleine Conscience subit une transformation.

Votre colère est semblable à une fleur. Au début, il se peut que vous ne compreniez pas sa nature, ou les raisons qui l'ont provoquée. Mais, dès que vous aurez appris à en prendre soin avec l'énergie de la Pleine Conscience, cette fleur commencera de s'ouvrir. Pour générer cette énergie, vous pouvez pratiquer la respiration consciente, en position assise, ou effectuer une marche de méditation. Après dix ou vingt minutes, votre colère s'ouvrira d'elle-même et, soudain, vous en découvrirez la véritable cause – perception erronée, manque de vigilance, etc.

« Cuisiner sa colère »

Il faut rester un certain temps en Pleine Conscience pour que la fleur de la colère puisse éclore. C'est un peu comme la cuisson des pommes de terre : on les place dans une casserole, que l'on couvre, puis met à bouillir. Mais même à feu vif, il faut un certain temps, au moins quinze ou vingt minutes, pour qu'elles soient à point. Alors, après avoir enlevé le couvercle, on peut enfin sentir leur merveilleux arôme.

Votre colère est ainsi, elle doit être cuite à point. Comme les pommes de terre crues, elle est totalement indigeste au début, mais si vous savez prendre soin d'elle et bien l'accommoder, son énergie négative deviendra une énergie positive, celle de la compréhension et de la compassion.

Cette technique n'est pas l'apanage des Grands Êtres. Vous pouvez, vous aussi, la maîtriser et changer les déchets de la colère en fleurs de la compassion. La plupart des gens peuvent effectuer cette transformation en quinze minutes seulement. Le secret de la réussite réside dans la pratique continue de la respiration et de la marche conscientes, qui génère l'énergie de la Pleine Conscience, seule capable de maîtriser la colère.

Prenez soin de votre colère avec beaucoup de tendresse. Elle n'est pas votre ennemie, elle est votre bébé. Quand vos poumons ou votre estomac sont atteints d'un trouble quelconque, vous n'envisagez pas de vous débarrasser de ces organes. Il en est de même pour cette émotion. Acceptez-la parce que vous savez que vous pouvez la transformer en une énergie positive.

Transformer les déchets en fleurs

Le jardinier biologique ne jette jamais les déchets ; il les transforme en engrais, qu'il utilisera ensuite pour faire pousser des laitues, des concombres, des radis ou des fleurs. En tant que praticien, vous êtes une sorte de jardinier biologique.

La colère et l'amour sont d'essence biologique et peuvent donc se métamorphoser. L'amour peut se transformer en haine, vous le savez bien. Quand on s'engage dans une relation empreinte d'un attachement profond, intense, on pense ne pas pouvoir survivre sans l'autre. Pourtant, sans la Pleine Conscience, il suffit d'une ou deux années pour qu'un tel sentiment se transforme en haine. Alors, en présence de l'autre, animé de cette haine, on se sent extrêmement mal. Il devient impossible de vivre ensemble, et le divorce est inéluctable. L'amour s'est transformé en haine ; la fleur s'est transformée en déchet. Toutefois, avec l'énergie de la Pleine Conscience, on peut contempler cela et songer : « Je ne suis pas inquiet. Je suis capable de transformer à nouveau ces déchets en amour. »

Si vous découvrez la présence de déchets en vous – peur, désespoir, haine, etc. –, ne paniquez pas. Comme un bon jardinier biologique, comme un bon praticien, vous pouvez faire face à la situation : « C'est vrai, il y a des déchets en moi. Je vais les transformer en un engrais efficace qui fera renaître l'amour. »

Ceux qui font confiance à la pratique n'envisagent jamais de fuir une relation difficile. Par la respiration et la marche conscientes, la méditation assise et l'alimentation consciente, on peut générer l'énergie de la Pleine Conscience et maîtriser ses affects douloureux. Le simple fait d'en prendre soin entraîne un soulagement. Ensuite, on pourra analyser en profondeur leur nature.

La pratique comporte donc deux phases. La première consiste à reconnaître et à accepter sa colère : « Ma chère colère, je sais que tu es là et je vais prendre grand soin de toi. » La seconde consiste à examiner en profondeur la nature de cet affect pour en comprendre l'origine.

Comment prendre soin de son bébé, la colère

Une mère qui entend son bébé crier interrompt toute activité pour s'occuper de lui. Peut-être préparait-elle une bonne soupe dans sa cuisine. Si celle-ci est importante, elle l'est beaucoup moins que la souffrance du bébé. La mère se précipite donc dans la chambre du nourrisson, où elle sera pour lui comme un soleil, parce qu'une mère déborde de chaleur, de tendresse et de sollicitude pour son enfant. La première chose qu'elle fait, c'est de le prendre tendrement dans ses bras. Ce seul geste d'amour et de tendresse apaise le bébé. C'est précisément ainsi que vous devez traiter votre colère dès qu'elle se manifeste. Abandonnez tout ce que vous êtes en train de faire, car votre tâche la plus importante est de revenir en vous et de prendre soin de votre bébé. Rien n'est plus urgent.

Souvenez-vous du temps où, petit enfant, vous aviez la fièvre. On vous avait donné de l'aspirine ou quelque autre médicament, mais ce n'est que lorsque votre mère a mis sa main sur votre front brûlant que vous vous êtes senti mieux. C'était tellement apaisant, comme une main de déesse qui procure une formidable sensation de fraîcheur, d'amour et de compassion dans tout le corps. Cette main est la vôtre. Si vous savez inspirer, expirer, et être pleinement conscient, elle sera toujours vivante dans la vôtre. Ensuite, en posant votre main sur votre front, vous verrez que votre mère est toujours présente. Vous éprouverez la même énergie d'amour et de tendresse pour vous-même.

La mère berce tendrement son bébé dans ses bras. Son attention est concentrée sur lui. L'enfant en éprouve un véritable soulagement, comme une fleur baignée par la lumière du soleil. On ne tient pas son enfant dans ses bras uniquement par plaisir, mais aussi pour déterminer ce qui ne va pas chez lui. Une vraie mère, compétente, est capable de trouver très rapidement ce qui ne va pas. C'est une spécialiste des bébés.

Nous autres, qui pratiquons, devons devenir des spécialistes de la colère. Il nous faut en prendre soin et pratiquer jusqu'à ce que nous comprenions son origine et son fonctionnement.

Prendre son bébé dans ses bras

En tenant consciemment son enfant dans ses bras, une mère découvre rapidement la cause de sa souffrance. Il lui est alors très facile de remédier à la situation. Si son bébé souffre d'une fièvre, elle lui administre un fébrifuge. S'il a faim, elle lui donne du bon lait chaud. Si sa couche est trop serrée, elle la desserre.

Dans notre pratique, nous faisons la même chose. Nous prenons consciemment notre « bébé colère » dans nos bras pour l'apaiser, la respiration et la marche conscientes jouant le rôle d'une berceuse. L'énergie de la Pleine Conscience pénètre celle de la colère, tout comme l'énergie de la mère pénètre celle de son bébé. Il n'y a aucune différence. Si vous savez pratiquer la respiration et le sourire conscients ainsi que la marche méditative, vous trouverez sans nul doute un soulagement en cinq, dix ou quinze minutes.

Découvrir la véritable nature de sa colère

Quand on est furieux, on a tendance à penser qu'un autre en est responsable. Mais une analyse en profondeur permet de découvrir que les graines de la colère se trouvent en soi. Bon nombre de gens, dans la même situation que vous, ne se mettront pas en colère. Bien qu'ils aient entendu les mêmes paroles blessantes, ils ont conservé leur calme. Pourquoi réagissez-vous ainsi ? C'est peut-être parce que la graine de colère en vous est trop puissante. Elle a été sans doute trop souvent arrosée par le passé, parce que vous n'avez pas employé les bonnes méthodes.

Nous avons tous une graine de colère dans les profondeurs de notre conscience. Mais, chez certains, cette graine est plus grosse que celles de l'amour ou de la compassion, par exemple. Si elle a pris une telle puissance, c'est en raison d'une absence de pratique. Lorsque nous commençons à cultiver l'énergie de la Pleine Conscience, la première chose que nous découvrons, c'est que la cause principale de notre misère ne tient pas à l'autre, mais à la graine de colère présente en nous. Alors nous cessons d'accuser un tiers d'en être à l'origine, le sachant désormais une cause secondaire.

Une telle forme de prise de conscience engendre un grand soulagement, et l'on commence à se sentir mieux. Toutefois, l'autre peut continuer à vivre un cauchemar parce qu'il ne sait pas pratiquer. Dès lors que vous avez pris soin de votre colère, vous prenez conscience que l'autre continue de souffrir. Ainsi, vous pouvez maintenant concentrer votre attention sur lui.

Aider et non punir

Celui qui ne sait pas maîtriser sa propre souffrance la communique à tous ceux qui l'entourent. C'est dans la nature des choses. C'est pourquoi nous devons apprendre à gérer notre mal-être, afin de cesser de le répandre.

Si vous êtes chef de famille, le bien-être des vôtres est votre souci principal. Comme vous avez de la compassion, vous ne voulez pas que votre souffrance affecte vos proches. Vous avez appris à la dominer en découvrant qu'elle n'est pas plus une affaire individuelle que votre bonheur.

Celui qui ne sait pas maîtriser ses émotions se retrouve impuissant. Il souffre et fait également souffrir son entourage. Dans un premier temps, vous estimerez qu'il mérite d'en être puni. Mais après dix ou quinze minutes de marche méditative et d'observation consciente, vous réaliserez qu'il réclame de l'aide, et non pas une sanction. Cette prise de conscience est juste.

Cette personne peut être l'un de vos proches – votre femme ou votre mari, par exemple, si vous ne l'assistez pas, qui le fera ?

Comme vous savez à présent gouverner votre colère, vous vous sentez mieux, mais vous n'ignorez pas pour autant que l'autre continue à souffrir. Cette découverte vous incite à aller vers lui, d'autant plus que vous êtes le seul à pouvoir l'aider. Apparaît alors un mode de pensée radicalement différent où disparaît l'envie de punir. Votre amertume s'est transformée en compassion.

La pratique de la Pleine Conscience favorise la concentration et la compréhension. Celle-ci est le fruit de la pratique, laquelle peut nous aider à pardonner, à aimer. En quinze minutes, voire une demi-heure, la pratique de la Pleine Conscience, de la concentration et de la compréhension peut vous libérer de vos emportements et vous transformer en une personne charmante. C'est cela la force du Dharma, le miracle du Dharma.

Interrompre le cycle de la colère

Un garçon de douze ans venait chaque été au village des Pruniers pour pratiquer en compagnie d'autres jeunes. Il avait un grave problème avec son père. Chaque fois qu'il faisait une erreur, celui-ci, au lieu de l'aider, lui criait après. Ainsi, quand il tombait et se blessait, son père le traitait de tous les noms : « Espèce d'idiot ! Comment peux-tu être aussi maladroit ! » Dans ces conditions, ce garçon ne pouvait pas le considérer comme un bon père. Il s'était juré qu'il ne traiterait jamais son propre enfant comme cela. Dans une situation identique, il ne lui crierait pas après, il le prendrait dans ses bras et s'efforcerait de l'aider.

L'année suivante, lors de son deuxième séjour au village des Pruniers, cet enfant vint accompagné de sa petite sœur. Un jour, alors qu'elle jouait avec d'autres filles sur le hamac, elle fit une chute. Sa tête heurta une grosse pierre et du sang se mit à couler sur son visage. Brusquement, le jeune garçon sentit l'énergie de la colère monter en lui. Il était sur le point de crier à sa sœur : « Espèce d'idiote ! comment peux-tu être aussi maladroite ! » Il était sur le point de se comporter comme son père l'avait fait avec lui. Mais comme il avait pratiqué au village des Pruniers deux étés de suite, il fut en mesure de se maîtriser. Au lieu de s'emporter, il se mit à pratiquer la marche méditative et la respiration consciente, tandis que d'autres portaient secours à la petite fille. En à peine cinq minutes, il eut un éclair d'illumination. Il comprit que cette réaction, cette colère, était une sorte d'énergie d'habitude que lui avait transmise son père. Il était devenu exactement comme lui, son image même. Il n'avait pas l'intention de traiter sa sœur ainsi, mais l'énergie communiquée par son père était si puissante qu'il avait failli se comporter comme lui.

Pour un garçon de douze ans, c'était une belle prise de conscience, un bel éveil. Il poursuivit sa marche et, soudain, fut rempli du désir de transformer cette énergie d'habitude, afin de ne pas la transmettre à ses enfants. Il savait que seule la pratique de la Pleine Conscience pouvait l'aider à mettre un terme à ce cercle vicieux.

Le garçon découvrit également que son père était, lui aussi, une victime de cet héritage. Il est probable qu'il ne souhaitait pas le traiter ainsi, mais qu'il l'avait fait parce que son énergie d'habitude était trop puissante. Dès qu'il eut compris cela, toute la colère qu'il éprouvait contre lui s'évanouit. Quelques minutes plus tard, il eut brusquement le désir de rentrer chez lui pour inviter son père à pratiquer avec lui. Ce jeune homme âgé de douze ans avait fait preuve d'un formidable discernement.

Un bon jardinier

Quand on comprend le tourment de l'autre, on peut transformer ses propres pulsions vengeresses en désir de lui venir en aide. Ainsi, vous saurez que votre pratique a été couronnée de succès, que vous êtes devenu un bon jardinier.

Chacun d'entre nous possède un jardin intérieur et doit en prendre soin. Si vous l'avez laissé longtemps à l'abandon, vous devriez l'entretenir pour lui redonner sa beauté et son harmonie d'antan. Tout le monde l'appréciera, si vous l'entretenez bien.

Prendre soin de l'autre comme de soi-même

Nos parents nous ont appris à respirer, à marcher, à nous asseoir, à manger et à parler. Quand nous décidons de pratiquer, nous sommes comme des nouveau-nés dans le monde spirituel. Nous devons donc réapprendre à respirer, à marcher et à écouter, en Pleine Conscience et avec compassion. Il nous faut réapprendre à nous exprimer, avec le langage de l'amour, pour respecter notre engagement originel. « Je souffre. Je suis en colère. Je veux que tu le saches. » Cette affirmation exprime votre loyauté envers votre engagement. « Je fais de mon mieux. Je prends soin de ma colère. Pour moi, mais aussi pour toi. Je ne veux pas m'emporter et nous détruire. Je veux mettre en pratique ce que j'ai appris de mon maître et dans ma Sangha. » Ce témoignage de fidélité inspirera respect et confiance à l'autre. Nous pouvons dire enfin : « J'ai besoin de ton aide. » C'est là une affirmation très forte, parce que lorsqu'on est irrité, on a tendance à dire : « Je n'ai pas besoin de toi. »

Si vous êtes capable de prononcer ces trois phrases avec sincérité, du fond du cœur, l'autre en sera transformé. Il ne faut pas douter des effets d'une telle pratique. Le simple fait de vous comporter de la sorte incitera l'autre à pratiquer, car il se dira : « Il m'est fidèle. Il respecte son engagement. Il essaye de faire de son mieux. Je dois faire de même. »

En prenant soin de vous-même, vous veillez sur l'être aimé. L'amour de soi est à la base de l'aptitude à apprécier autrui. Si vous ne prenez pas soin de vous-même, si vous n'êtes ni heureux, ni en paix, vous ne pourrez pas rendre l'autre heureux. Vous ne pourrez ni l'aider, ni l'aimer. La capacité d'aimer autrui dépend entièrement de la capacité de s'aimer soi-même, de prendre soin de soi-même.

Guérir l'enfant intérieur

La plupart d'entre nous cachent un enfant blessé au fond de leur être. Ces blessures ont pu être causées par nos parents, qui ont sans doute souffert durant leur enfance. Comme ils n'ont pas su panser leurs plaies, ils nous les ont transmises. Nous devons soigner nos blessures, afin de ne pas les transmettre à nos enfants et petits-enfants. Nous devons donc revenir à l'enfant blessé en nous, pour l'aider à guérir.

Il arrive parfois que cet enfant surgisse des profondeurs de notre conscience et réclame notre aide. Si vous êtes en Pleine Conscience, vous entendrez cet appel. À ce moment-là, au lieu de contempler un magnifique lever du soleil, vous devriez vous tourner vers celui qui vous appelle et le prendre tendrement dans vos bras. « En inspirant, je me tourne vers mon enfant blessé. En expirant, je veille sur lui. »

En effet, pour prendre soin de vous-même, il faut d'abord que vous preniez soin de lui. Retrouvez tous les jours votre enfant intérieur. Étreignez-le tendrement, comme un grand frère ou une grande sœur. Parlez-lui. Ou bien, écrivez-lui une lettre pour lui dire que vous acceptez sa présence et que vous ferez tout ce qui est en votre pouvoir pour guérir ses blessures.

L'écoute compassionnelle ne consiste pas seulement à écouter l'autre, car nous devons également être attentif à l'enfant blessé qui est toujours présent en nous. Et nous pouvons le guérir immédiatement. « Mon cher enfant, je suis là pour toi, prêt à t'écouter. Je t'en prie, parle-moi de tes souffrances, de tes peines. Je suis là. » Tournez-vous vers lui et écoutez-le ainsi chaque jour pendant cinq ou dix minutes, et la guérison se produira. Lorsque vous gravissez une montagne magnifique, invitez-le à vous suivre. Quand vous contemplez un magnifique coucher du soleil, faites-le profiter de ce spectacle. Ainsi, au bout de quelques semaines ou de quelques mois, votre enfant intérieur guérira. La Pleine Conscience est l'énergie qui peut vous aider dans cette entreprise.

Devenir un être libre

Une minute de pratique est une minute de production d'énergie de la Pleine Conscience. Cette force provient de l'intérieur de l'être et favorise l'ancrage dans l'ici et maintenant. Quand vous buvez du thé en Pleine Conscience, votre corps et votre esprit sont parfaitement alignés. Vous êtes réel, et le thé que vous buvez l'est lui aussi. Quand vous êtes dans un bar, avec une musique assourdissante et plein de projets en tête, vous n'êtes pas vraiment en train de boire du thé : vous buvez vos projets, ou vos soucis. Vous n'êtes pas réel, et votre thé ne l'est pas non plus. Il ne peut devenir réel que si vous revenez dans l'ici et maintenant, en vous libérant du passé, du futur et de vos soucis. Ainsi, le thé devient réel, tout comme la rencontre entre le thé et vous-même. C'est comme cela que l'on doit le boire.

Vous pouvez organiser une méditation du thé. Vos amis pourront de la sorte s'enraciner dans l'instant présent, apprécier pleinement leur boisson et la compagnie des autres. Cette méditation est une pratique qui nous aide à nous libérer. Si vous êtes encore hanté par votre passé, inquiet de l'avenir, obsédé par vos projets, vos peurs, votre anxiété et votre amertume, c'est que vous n'êtes ni libre, ni réellement ancré dans l'ici et maintenant. Dans ces conditions, la vraie vie ne vous est pas vraiment accessible. Le thé, l'autre, le ciel bleu, les fleurs, ne vous sont pas accessibles. Pour être pleinement vivant, pour toucher l'existence en profondeur, il faut être libre. Cultiver la Pleine Conscience peut vous aider à vous libérer.

L'énergie de la Pleine Conscience nous inscrit dans le moment présent. Le corps et l'esprit sont unis. En pratiquant la respiration ou la marche conscientes, vous vous libérerez du passé, du futur, de vos projets, et vous redeviendrez pleinement vivant et présent. Sans liberté, il est impossible d'apprécier la vie, le ciel bleu, les arbres, les oiseaux, le thé et les êtres. C'est la raison pour laquelle cette pratique est si importante. La maîtrise de cette technique ne nécessite pas des mois d'entraînement. Une heure de pratique peut vous aider à devenir plus conscient. Entraînez-vous à boire votre thé en Pleine Conscience. Découvrez la liberté en prenant votre petit déjeuner. Chaque moment de la journée peut être une occasion de générer l'énergie de la Pleine Conscience.

« Je sais que tu es là, et cela me remplit de joie »

Grâce à la Pleine Conscience, on peut reconnaître tout ce qui s'inscrit dans le moment présent, y compris la personne aimée. Le fait de pouvoir dire à l'autre « Je sais que tu es là, et cela me remplit de joie » prouve que l'on est libre, que l'on a la capacité d'aimer, d'apprécier ce qui se passe dans le moment présent, c'est-à-dire l'existence. On est toujours en vie et la personne aimée est toujours là, présente, en face de soi.

Le niveau de conscience atteint est très important. Il faut entourer l'autre de cette énergie, le regarder avec amour et lui dire : « C'est merveilleux que tu sois là, vivant. Cela me remplit de joie. » Ainsi, non seulement vous serez heureux, mais l'autre le sera également, parce qu'il se sera imprégné de votre Pleine Conscience. Dans ces conditions, il est peu probable que vous vous mettiez en colère.

N'importe qui peut employer cette méthode. Il n'est pas nécessaire de la pratiquer pendant huit mois pour la maîtriser. Il suffit d'une ou deux minutes de respiration ou de marche conscientes pour retrouver l'ici et maintenant, pour revivre. Alors, vous irez vers l'autre personne, vous la regarderez dans les yeux, et vous lui ferez cette déclaration : « C'est si merveilleux que tu sois là, vivant(e). Cela me remplit de joie. »

L'énergie de la Pleine Conscience vous rendra

heureux et libres. L'autre personne est peut-être prisonnière de ses soucis, de sa colère, de ses manques, mais grâce à cette énergie, vous pourrez vous sauver tous les deux. La Pleine Conscience est l'énergie du Bouddha, l'énergie de l'illumination. Le Bouddha est présent chaque fois que vous êtes pleinement conscient, et il vous étreint dans ses bras compassionnels.

3.

Le langage de l'amour authentique

Pourparlers de paix

Si nous pratiquons en famille, avec nos amis, c'est parce que seuls, nous aurions beaucoup de difficultés à avancer. Nous avons besoin d'alliés. Dans le passé, c'était pour une souffrance mutuelle, dans l'escalade de la colère. Nous voulons à présent être partenaires pour prendre soin de notre peine, de notre amertume et de notre frustration. Nous voulons négocier un traité de paix.

Commencez par faire une marche pacifique avec la personne que vous aimez : « Jusqu'ici, nous nous sommes fait beaucoup de mal. Nous étions tous deux les victimes de notre colère. Nous avons créé notre propre enfer. Aujourd'hui, je veux changer cette situation. Je veux que nous redevenions des alliés, afin de nous protéger l'un l'autre, de pratiquer et de transformer ensemble notre colère. Construisons une vie meilleure, fondée sur la pratique de la Pleine Conscience. J'ai besoin de ton aide, de ton soutien et de ta collaboration. Je ne peux pas réussir sans toi. » Il est temps pour vous de dire ces mots à l'être aimé, à votre enfant. C'est cela, l'éveil. C'est cela, l'amour.

On peut atteindre l'illumination après avoir écouté pendant seulement cinq minutes un discours sur le Dharma. Mais il faut la conserver dans sa vie quotidienne. Au fur et à mesure que l'illumination grandit, la confusion et l'ignorance devront céder la place. Non seulement l'esprit en tirera avantage, mais également le corps et le mode de vie. C'est pourquoi il est très important d'aller vers la personne aimée, pour établir une stratégie de paix, de consommation et de protection. Pour que ces négociations de paix réussissent, il faut que vous donniez le meilleur de vous-même, de votre talent, de votre savoir-faire. Alors, vous ne vous ferez plus mutuellement souffrir. Il faut que vous entamiez une vie nouvelle, il faut que vous vous transformiez. Il vous appartient de convaincre l'autre.

Rétablir la communication

Un jeune Américain ne parlait plus à son père depuis cinq ans. Le dialogue était totalement impossible. Un jour, il s'initia au Dharma, et cela le transforma profondément. Il voulait tout recommencer, changer de vie. Aussi décida-t-il de devenir moine. Animé d'un ardent désir d'apprendre, il séjourna au village des Pruniers pendant trois ou quatre mois et devint moine. Dès son premier jour dans notre centre, il pratiqua la consommation consciente, la marche méditative, la méditation assise, et participa à toutes les activités de la Sangha.

Grâce à ce mode de vie, en paix avec lui-même,

il trouva la force d'écrire à son père chaque semaine. Sans espoir de réponses, il lui racontait sa pratique, les petites joies de la vie quotidienne. Six mois plus tard, il décrocha le combiné du téléphone et composa le numéro de ses parents, après avoir inspiré et expiré en Pleine Conscience, afin de conserver son calme. Le père savait que son fils était devenu moine, et cela le mettait très en colère. Aussi, la première chose qu'il dit fut la suivante : « Fais-tu encore partie de ce groupe ? Es-tu encore moine ? Quel est ton avenir ? » Le jeune homme répondit : « Papa, mon plus grand souci, actuellement, est d'établir une bonne relation entre nous. Cela me rendrait très heureux. C'est la chose la plus importante pour moi. Pouvoir communiquer avec toi de nouveau, pouvoir me rapprocher de toi comme avant, c'est là mon seul souci. C'est plus important que tout, y compris le futur. »

Son père demeura silencieux pendant un long moment. Le fils continua de respirer calmement. Finalement, le père dit : « Tu as raison. C'est important pour moi aussi. » Ainsi, la colère n'était pas le seul sentiment que cet homme éprouvait pour son enfant. Le jeune homme, dans ses nombreuses lettres, avait évoqué de merveilleuses choses qui avaient nourri tout ce qu'il y avait de positif chez son père. Par la suite, celui-ci l'appela chaque semaine. La communication avait été rétablie, et le bonheur du père – comme celui du fils – était devenu une réalité.

La paix commence avec vous

Avant d'engager des changements profonds dans notre existence, nous devons examiner notre régime alimentaire, notre façon de consommer. Nous devons adopter un mode de vie d'où seront bannis les produits qui nous empoisonnent. Ensuite, nous devrons faire en sorte que le meilleur en nous puisse s'exprimer. Ainsi, nous ne serons plus victimes de la colère ni de la frustration.

Tout est possible quand la porte de la communication est ouverte. C'est pourquoi il faut s'efforcer de la restaurer. Exprimez donc votre désir de faire la paix avec l'autre. Demandez-lui de vous soutenir. Dites-lui : « Le dialogue entre nous est ce qui me tient le plus à cœur. Notre relation est à mes yeux la chose la plus précieuse, rien n'est plus important. » Exprimez clairement vos souhaits et demandez-lui de vous soutenir.

Commencez par établir une stratégie. Peu importe les ressources de l'autre, vous devez faire tout votre possible. Donnez le meilleur de vous-même. Ce que vous êtes capable de réaliser pour vous-même, vous pouvez le faire pour l'autre. N'attendez pas. Ne posez aucune condition, ne dites pas : « Si tu ne fais aucun effort dans la voie de la réconciliation, je n'en ferai pas moi-même. » Cela ne marchera pas. La paix, la réconciliation et le bonheur commencent avec vous.

Il est faux de penser qu'aucune amélioration n'est possible tant que l'autre ne change pas. Il y a toujours moyen de créer davantage de joie, de paix et d'harmonie. Tout est important : la façon dont vous marchez, respirez, souriez et réagissez. Vous devez commencer par cela.

Il y a de nombreuses manières de communiquer, mais la meilleure consiste à montrer à l'autre que vous n'éprouvez plus aucun ressentiment, que vous n'avez plus envie de le condamner. Montrez-lui que vous le comprenez et que vous l'acceptez. Transmettez-lui ce message par la parole, mais aussi à travers votre comportement, par un regard plein de compassion et des actes empreints de tendresse. Le fait que votre compagnie soit à présent agréable est déjà un grand changement en soi. Tout le monde a envie de vous côtoyer. Vous êtes comme un arbre dont l'ombre dispense une agréable fraîcheur, comme un courant d'eau fraîche. Les gens, comme les animaux, chercheront à se rapprocher de vous parce que votre présence est plaisante. En travaillant sur vous-même, vous serez en mesure de restaurer la communication, et l'autre personne changera naturellement.

Un traité de paix

On pourrait dire à l'être aimé : « Dans le passé, nous nous sommes fait beaucoup de mal, parce que nous n'étions ni l'un, ni l'autre capables de maîtriser notre colère. Essayons à présent d'établir une stratégie de paix. »

Le Dharma peut éliminer la passion de la colère et la fièvre de la souffrance. C'est une sagesse capable d'apporter joie et paix ici et maintenant. Notre stratégie pour la paix et la réconciliation doit être fondée sur cela.

Quand l'énergie de la colère se manifeste, c'est souvent parce que nous voulons punir celui ou celle que nous croyons responsable de notre tourment. Nous imputons systématiquement la responsabilité de notre malheur à autrui. Nous ne comprenons pas que la colère est avant tout notre affaire. Nous sommes très naïvement persuadés que nous souffrirons moins en châtiant l'autre. Il faut en finir avec ce genre de croyances, parce que tout ce que l'on fait sous l'emprise de la colère ne fait qu'envenimer les choses. Il faut donc éviter de faire ou de dire quoi que ce soit lorsqu'on est dans cet état.

Votre colère s'accroît chaque fois que vous proférez des paroles malveillantes, que vous exercez des représailles. Vous faites souffrir l'autre, qui s'efforcera alors, par tous les moyens, de vous rendre la monnaie de votre pièce, afin de soulager sa propre peine. C'est ainsi que le conflit s'envenime inexorablement. Cela s'est produit tant de fois dans le passé. Vous êtes tous deux familiers de l'escalade de la colère, de la souffrance, et pourtant, vous n'en avez tiré aucune leçon.

Sanctionner l'autre ne fera qu'aggraver la situation. En réalité, c'est un acte d'autopunition. C'est vrai dans toutes les circonstances. Chaque fois que l'armée américaine frappe l'Irak, non seulement ce pays souffre, mais les États-Unis également, et vice versa. C'est une vérité universelle : entre les Israéliens et les Palestiniens, les musulmans et les hindous, entre vous et l'autre personne. Il en a toujours été ainsi. Dans ces conditions, vous devez comprendre que la sanction n'est pas une stratégie judicieuse. L'autre est intelligent, et vous n'êtes pas stupide. Faites tous deux appel à votre intelligence. Trouvez un terrain d'entente et élaborez une stratégie pour dominer votre colère. Vous savez tous deux que le désir de vengeance révèle un manque de sagesse. Aussi, faites-vous mutuellement la promesse de ne rien dire, de ne rien faire sous l'emprise de la colère. Prenez plutôt soin de celle-ci en revenant en vous-même, par la pratique de la respiration consciente et de la marche méditative.

Profitez d'un moment de bonheur partagé pour signer votre contrat, votre traité de paix. C'est un traité d'amour authentique. Il doit donc être fondé uniquement sur un sentiment d'amour, car il ne s'agit pas d'un pacte conclu entre deux pays en conflit qui veulent surtout préserver leurs intérêts nationaux. Ce genre de traité met rarement fin à la méfiance et au désir de vengeance. Encore une fois, votre traité de paix doit être exclusivement un fait d'amour.

Aimer sa colère

Le Bouddha n'a jamais préconisé la répression de la colère. Il conseillait de revenir en soi pour la maîtriser. Quand on est affecté d'un trouble quelconque – intestinal, gastrique ou hépatique – on est bien obligé de se soigner. On masse la zone douloureuse, on prend un bouillon, bref, on fait tout ce qui est en notre pouvoir pour guérir.

Comme les organes, la colère est une partie de soi. Quand elle surgit, il faut revenir en soi pour retrouver son calme. Quand on a mal au ventre, on ne peut pas dire : « Laisse-moi tranquille estomac, je ne veux pas avoir mal. » Non, il faut en prendre soin. De même, on ne peut pas dire : « Va-t'en, colère, tu dois t'en aller. Je ne te supporte plus. » Il faut la reconnaître en tant que telle, l'accueillir et sourire. L'énergie qui permet de mener à bien ce processus est celle de la Pleine Conscience, que l'on génère grâce à la respiration et à la marche conscientes.

Le bonheur n'est pas une affaire individuelle

La colère ne doit pas être cachée. Vous devez en informer l'autre, lui dire que vous souffrez. C'est très important. Je vous en prie, ne faites pas semblant d'être de bonne humeur. Ne cachez pas votre tourment. Si vous aimez vraiment l'autre, alors vous devez reconnaître que vous êtes en colère et que vous souffrez. Dites-le-lui calmement.

L'orgueil n'a pas sa place dans un amour authentique. Vous ne pouvez pas faire semblant d'être heureux. Vous ne pouvez pas simuler la paix de l'esprit. Ce genre de dénégation est fondé sur l'orgueil : « En colère, moi ? Pourquoi le serais-je ? Je vais tout à fait bien. » Mais, en réalité, vous n'allez pas bien du tout. Vous êtes en enfer. La rage vous consume, et vous devez le dire à l'autre, à votre fils, à votre fille, à l'être aimé. Il est fréquent de dire : « Je n'ai pas besoin de toi pour être heureux ! Je me débrouille très bien tout seul ! » C'est là une trahison du vœu initial de tout partager.

Au début, vous disiez à l'autre : « Je ne peux pas vivre sans toi. Mon bonheur dépend de toi. » Vous faisiez toutes sortes de déclarations de ce genre. Mais quand vous vous emportez, vous dites exactement le contraire : « Je n'ai pas besoin de toi ! Ne m'approche pas ! Ne me touche pas ! » Vous vous enfermez dans votre chambre. Vous faites tout votre possible pour montrer à l'autre que vous n'avez pas besoin de lui. C'est une attitude très humaine, très banale. Mais ce n'est pas une preuve de sagesse. Le bonheur n'est pas une affaire individuelle. Si l'un de vous n'est pas heureux, l'autre ne pourra jamais l'être.

1. « Je suis en colère, je souffre »

Dire « Je t'aime » est une bonne chose, c'est important. Il est naturel de partager sa joie et ses sentiments positifs avec la personne aimée. Mais vous devez également révéler à l'autre vos sentiments négatifs. Vous devez exprimer ce que vous ressentez. Vous en avez le droit. C'est cela, l'amour authentique. « Je suis en colère contre toi. Je souffre. » Efforcez-vous de dire cela de manière paisible. Le ton de votre voix trahira sans doute une certaine tristesse, c'est normal. Évitez seulement les paroles de rage et d'accusation. « Je suis en colère. Je souffre et j'ai besoin que tu le saches. » C'est le langage de l'amour, parce que vous avez fait vœu de vous soutenir l'un l'autre. Quelle que soit votre relation – mari et femme, père et fils, mère et fille... – vous devez toujours vous exprimer ouvertement.

Vous avez le devoir de confier à l'autre vos tourments. Quand vous êtes heureux, partagez votre bonheur avec lui. Quand cela va mal, dites-le-lui. Même si vous pensez qu'il est responsable de cette situation, vous devez respecter votre engagement. Parlez-lui calmement. Employez des mots pleins de tendresse. C'est la seule condition.

Faites cette démarche aussi tôt que possible. Ne gardez pas vos émotions négatives en vous plus de vingt-quatre heures. Sinon, elles prendraient trop d'ampleur et pourraient vous empoisonner. Vous devez donc vous confier à l'autre aussi vite que possible. Vingt-quatre heures représentent le délai maximum. Au-delà, ce serait le signe que vous ne l'aimez pas vraiment, que vous n'avez pas confiance en lui.

Si votre colère est encore trop forte, pratiquez la respiration consciente et la marche méditative. Ensuite, quand vous aurez retrouvé votre calme et que vous serez prêt à partager vos sentiments, exprimez-vous. Au cas où vous n'arriveriez toujours pas à retrouver votre calme, vous pourriez coucher par écrit ce que vous avez à dire. Rédigez un message de paix. Adressez-le à l'autre et faites en sorte qu'il le reçoive avant le délai de vingt-quatre heures. C'est très important. Vous devez tous deux vous promettre d'agir ainsi. Sinon, vous ne respecteriez pas les termes de votre traité de paix.

2. « Je fais de mon mieux »

Si vous êtes décidé à changer les choses, vous pouvez aller plus loin. Vous pouvez ajouter cette autre phrase à votre déclaration : « Je fais de mon mieux. » C'est le signe que vous n'agissez pas sous l'emprise de vos émotions, que vous pratiquez la respiration consciente et la marche méditative, bref, que vous prenez soin de votre affect en Pleine Conscience. Quand vous êtes irrité, vous savez comment pratiquer, aussi avez-vous le droit de dire « Je fais de mon mieux. » Cela suscitera confiance et respect chez l'autre personne. Cette affirmation indique que vous respectez votre engagement de revenir en vous-même pour maîtriser votre colère.

Celle-ci est votre bébé et vous devez vous en occuper. Quand vous souffrez de troubles gastriques, vous prenez soin de votre estomac – qui est à ce moment-là votre bébé. L'estomac est une structure physique, une construction physiologique, tandis que la colère est une construction mentale. Vous devez en prendre soin tout comme vous prenez soin de votre estomac ou de vos reins. Vous ne pouvez pas dire : « Colère, va-t'en, tu ne fais pas partie de moi. » Par contre, en disant « Je fais de mon mieux », vous indiquez que vous en prenez soin grâce à la respiration et à la marche conscientes. Cela vous permet de libérer cette énergie négative et de la transformer en une énergie positive.

Aimer sa colère, c'est aussi examiner en profondeur sa nature, parce que l'on doute du bien-fondé de ses perceptions. Vous avez peut-être mal compris ou mal interprété ce que vous avez vu ou entendu. Votre exaspération est née de ce malentendu. Quand vous dites « Je fais de mon mieux », vous savez qu'il vous est souvent arrivé par le passé de vous emporter à cause d'une perception erronée. C'est pourquoi vous êtes à présent si prudent. Vous savez intuitivement que l'autre n'avait sans doute pas d'intention maligne, et que vous êtes probablement le seul responsable de l'enfer dans lequel vous vous débattez.

3. « Je t'en prie, aide moi »

La troisième phrase suit naturellement : « J'ai besoin de ton aide. Je t'en prie, aide-moi. » C'est le langage de l'amour authentique. Quand vous êtes en colère, vous avez tendance à dire le contraire : « Ne me touche pas ! Je n'ai pas besoin de toi. Je peux très bien m'en sortir tout seul ! » Mais vous avez pris l'engagement de prendre soin l'un de l'autre. Aussi, dans les moments difficiles, quel que soit le niveau de pratique, le désir d'être aidé est-il très naturel.

Si vous êtes capable d'écrire ou de prononcer ces trois phrases, c'est que vous êtes capable de vivre un véritable amour. C'est le langage authentique de l'amour : « Je souffre, et je veux que tu le saches. Je fais de mon mieux. Je m'efforce de n'accuser personne, pas même toi. Nous sommes très proches l'un de l'autre et nous nous sommes engagés l'un envers l'autre. C'est la raison pour laquelle j'ai besoin de ton soutien et de ton aide, afin de sortir de cet enfer. » Ces trois déclarations peuvent rapidement rassurer et soulager l'autre. La façon dont vous maîtrisez votre colère suscitera une grande confiance et un grand respect réciproques. Ce n'est pas très difficile à faire.

Transformer ensemble la colère

Si vous me faisiez ces trois déclarations, j'en conclurais que vous m'êtes très fidèle, que vous éprouvez un véritable amour pour moi, que vous partagez avec moi vos moments de bonheur, mais aussi de tristesse. Quand vous me dites que vous faites de votre mieux, j'ai confiance en vous et j'éprouve du respect pour vous, parce que cela m'indique que vous êtes un authentique praticien, fidèle aux enseignements que vous avez reçus et à votre communauté de pratique. En prononçant ces trois phrases, vous serrez votre maître et votre Sangha contre votre cœur.

Comme l'autre fait de son mieux, je m'efforce de l'imiter. Je reviens en moi-même et je pratique. Pour être digne de lui, il faut que je plonge profondément en moi-même et que je fasse moi aussi de mon mieux. Il faut que je me pose cette question : « Qu'ai-je dit, qu'ai-je fait pour qu'il aille aussi mal ? Pourquoi me suis-je conduit ainsi ? » Il me suffit de l'écouter, de lire le traité de paix qu'il m'a remis, pour me ressaisir. Le Dharma, après avoir touché l'autre, commence maintenant à me toucher, et je suis à mon tour habité par l'énergie de la Pleine Conscience.

Ainsi, l'autre, en recevant votre message, sera inspiré par votre amour, par votre discours et par votre pratique. Ce message a semé en lui les graines de l'éveil et suscité un profond respect pour vous. Il aura le désir de revenir en lui et se demandera s'il ne vous a pas blessé par ses mots ou par ses actes. C'est ainsi que vous lui aurez transmis votre pratique. Il constatera que vous faites de votre mieux et, en réaction, souhaitera, lui aussi, faire son possible.

C'est un processus merveilleux. Vous pratiquez tous les deux. Le Dharma vous habite maintenant tous deux. Le Bouddha est vivant en vous. Il n'y a plus de danger. Vous êtes revenu en vous-même, grâce à ce regard profond qui vous a permis de comprendre la situation telle qu'elle est. Si, pendant ce temps, l'un de vous saisit subitement ce qui s'est passé, il doit aussitôt en faire part à l'autre.

Vous découvrirez peut-être qu'un malentendu est à l'origine de votre amertume. Si c'est le cas, informez-en aussitôt l'autre. Faites-lui savoir que vous êtes désolé de vous être emporté pour rien. Il n'avait rien fait de mal. Votre courroux était fondé sur une perception erronée de la situation. Téléphonez-lui, envoyez-lui un fax ou un e-mail, parce que votre peine suscite toujours une grande inquiétude en lui. Il en sera immédiatement soulagé.

Avec le recul, il peut, lui aussi, réaliser qu'il a dit ou fait quelque chose sous l'emprise de la colère ou à cause d'une perception erronée. Il regrettera ce qu'il a pu vous dire ou vous faire, et devra donc, lui aussi, ouvrir son cœur. « L'autre jour, je n'étais pas très attentif. J'ai eu des paroles déplacées. J'ai mal interprété la situation. J'ai réagi brutalement et, je m'en rends compte maintenant, c'est parce que je n'étais pas assez attentionné. Pourtant, je n'avais pas de mauvaises intentions. C'est pourquoi je te fais mes excuses et te promets d'être plus attentif et plus conscient la prochaine fois. » Un tel message mettra un terme à votre trouble et, dans votre cœur, vous éprouverez un grand respect pour l'autre, qui deviendra alors votre partenaire de pratique. Votre respect mutuel continuera de croître. Le respect est le fondement de l'amour authentique.

Un invité particulier

Dans la tradition vietnamienne, le mari et la femme doivent se traiter l'un l'autre comme des invités. Ce respect mutuel est authentique. Quand on change de vêtements, on ne le fait pas devant l'autre. S'il n'y a plus d'estime pour l'autre, le véritable amour ne pourra continuer très longtemps. Le respect mutuel, le fait de traiter l'autre comme un invité, est une attitude traditionnelle dans la société asiatique. Je crois qu'il existait aussi en Occident autrefois. En l'absence d'un tel respect, l'amour ne peut durer très longtemps. Les énergies négatives prennent peu à peu le dessus.

Lors des cérémonies de mariage célébrées au village des Pruniers, les fiancés s'inclinent en signe de respect. Ils agissent ainsi parce que chacun a la nature du Bouddha en lui-même – la capacité d'atteindre l'éveil, de développer une grande compassion et une grande compréhension. Quand on s'incline devant l'autre, on prend conscience de son attachement. Si l'on n'éprouve plus de considération pour l'autre, c'est que l'amour est mort.

Le recours aux trois phrases d'amour authentique est une façon très concrète d'exprimer sa considération et de nourrir son affection. Ne sous-estimons pas ces trois manifestations d'amour authentique.

Un caillou dans votre poche

L'amour a tous les pouvoirs. Vous pourriez écrire ces trois phrases sur un bout de papier de la taille d'une carte de crédit et le glisser dans votre portefeuille. Il vous rappellera votre engagement mutuel. Il peut vous sauver, aussi, traitez-le avec révérence.

Certains d'entre nous gardent dans leur poche un caillou ramassé dans la cour d'entrée. Ils le lavent très soigneusement et le portent toujours sur eux. Chaque fois qu'ils mettent la main dans leur poche, ils le caressent et le serrent doucement. Ils pratiquent alors la respiration consciente qui leur procure un profond sentiment de paix. Quand la colère surgit, ce caillou se métamorphose en Dharma. Il nous rappelle les trois phrases. Le simple fait de tenir ce caillou, d'inspirer et d'expirer calmement, de sourire, peut beaucoup vous aider. Cette pratique peut paraître un peu enfantine, mais elle est très efficace. Que vous soyez à l'école, au travail où en train de faire vos courses, ce petit caillou vous servira de pense-bête. Il vous permettra de revenir en vous-même et jouera le rôle de maître, de camarade de pratique – comme une cloche de Pleine Conscience qui permet de faire une pause, puis de retourner à sa respiration.

Bon nombre de gens invoquent le nom de Jésus ou du Bouddha Amitabha en égrenant un chapelet. Le caillou est une sorte de chapelet, un aide-mémoire qui nous rappelle que notre maître est toujours à nos côtés, que nos frères et sœurs dans le Dharma sont toujours à nos côtés. Il vous aidera à revenir à votre respiration, à susciter l'amour, à le conserver en vous, et à maintenir la flamme de l'illumination au tréfonds de votre être.

4.

Transformation

Les zones d'énergie

Nous savons, quand la colère est présente en nous, que nous devrions éviter de dire ou de faire quoi que ce soit, parce que cela représenterait un manque de sagesse. Nous devons à tout prix revenir en nous-mêmes pour prendre soin de notre colère.

La colère est une zone d'énergie. Elle fait partie de nous-mêmes. C'est un bébé souffrant dont nous devons nous occuper, en créant une autre zone d'énergie, capable de maîtriser cet affect et d'en prendre soin : celle de la Pleine Conscience, celle du Bouddha. Elle nous est accessible, et nous pouvons la générer grâce à la respiration et à la marche conscientes. Le Bouddha en nous n'est pas un simple concept. Ce n'est pas une théorie ou une notion. C'est une réalité, parce que nous sommes tous capables de produire l'énergie de la Pleine Conscience.

La Pleine Conscience implique d'être présent, d'être conscient de ce qui se passe. Cette énergie est essentielle à la pratique. Elle est comme un grand frère, une grande sœur ou une mère qui tient un enfant dans ses bras. Elle prend soin de ces bébés souffrants que sont la colère, le désespoir et la jalousie.

La première zone d'énergie est la colère, tandis que la seconde est la Pleine Conscience. La pratique consiste à utiliser l'énergie de la Pleine Conscience pour reconnaître et maîtriser celle de la colère. Vous devez le faire tendrement et sans violence. Il ne s'agit pas de refouler sa colère. Vous êtes la Pleine Conscience et vous êtes aussi votre colère, et c'est la raison pour laquelle vous ne devez pas vous transformer en un champ de bataille où deux camps s'affrontent. Il serait faux de penser que la Pleine Conscience est bonne et juste tandis que la colère serait une manifestation du mal. Sachez simplement que la Pleine Conscience est une énergie positive et que la colère est une énergie négative. Vous pourrez alors utiliser l'une pour prendre soin de l'autre.

La fonction « organique » de nos sentiments

Notre pratique est fondée sur la compréhension de la non-dualité. Nos sentiments négatifs sont tout autant organiques que les positifs, et ils font partie de la même réalité. Dans ces conditions, il est inutile d'entrer en conflit, il suffit de dominer ses émotions et d'en prendre soin. Ainsi, dans la tradition bouddhiste, la méditation ne consiste pas à se transformer en un champ de bataille où s'affronteraient le bien et le mal. C'est quelque chose de très important. Vous pourriez penser qu'il est de votre devoir de combattre le mal, de le chasser de votre cœur et de votre esprit. Mais ce serait une erreur. Le but de la pratique est de vous transformer vous-même. Si vous ne disposez pas de déchets, vous n'aurez aucune matière première pour faire de l'engrais. Et sans engrais, vous ne pourrez pas nourrir la fleur qui est en vous. Vous avez besoin de vos souffrances, de vos afflictions. Comme elles sont organiques, vous pourrez les transformer pour en faire bon usage.

La compréhension profonde de l'inter-être

Notre méthode de pratique doit être non-violente, mais elle ne peut naître que de la compréhension de la non-dualité, de l'inter-être. C'est la prise de conscience de l'interdépendance de tous les phénomènes. Exercer une violence contre autrui, c'est l'exercer contre soi-même. Si vous ne comprenez pas le concept de non-dualité, vous continuerez d'être violent. Vous aurez toujours l'envie de punir, de réprimer et de détruire. Cependant, dès lors que vous aurez assimilé cette réalité vous accueillerez avec le sourire les déchets comme la fleur qui sont en vous. Cette compréhension sera le fondement de votre action non-violente.

Dès lors que l'on comprend la réalité de la non-dualité et de l'inter-être, on prend soin de son corps de la manière la moins brutale possible, de ses constructions mentales, notamment de sa colère, avec non-violence, de son frère, de sa sœur, de son père, de sa mère, de sa communauté et de la société, avec une extrême tendresse. Aucune fureur ne peut naître de cette prise de conscience. Il n'y a plus d'ennemi quand on a compris la réalité de l'inter-être.

Le fondement de notre pratique est la conscience

de la non-dualité et de la non-violence qui nous permet de traiter notre corps et nos émotions avec tendresse. La colère s'enracine dans des éléments de non-colère, dans notre façon de vivre au quotidien. Si nous prenons soin de tout ce qui se trouve en nous, sans discrimination, nous empêcherons nos énergies négatives de prendre le dessus. Nous réduirons leur puissance afin qu'elles ne puissent plus nous imposer leur joug.

Exprimer la colère avec sagesse

Quand la colère se manifeste, il faut reconnaître sa présence et accepter d'en prendre soin. Il est conseillé de ne rien dire, ni rien faire sous son emprise. Il faut immédiatement revenir en soi et inviter l'énergie de la Pleine Conscience à se manifester également, afin de reconnaître cette émotion et de s'en occuper.

Mais il faut aussi révéler à l'autre son irritation, sa tristesse : « Je souffre, je suis en colère, et je veux que tu le saches. » Ensuite, le bon praticien ajoute ceci : « Je fais de mon mieux pour maîtriser ma colère. » Et il peut conclure avec la troisième phrase : « Je t'en prie, aide-moi », parce que l'autre personne est toujours très proche de soi. On a toujours besoin d'elle. Le fait d'exprimer ses émotions de cette façon est très sage. C'est une attitude profondément sincère et loyale, parce qu'au début de leur relation, les deux partenaires avaient fait le vœu de tout partager, le positif comme le négatif.

Ce type de langage, de communication, inspirera le respect et incitera l'autre à revenir en lui et à pratiquer comme vous le faites. Il constatera que vous avez de l'estime pour vous-même, car vous lui aurez montré que vous savez maîtriser vos émotions et que vous ne le considérez donc plus comme un ennemi, mais comme un allié fidèle. Prononcer ces trois phrases est vraiment une démarche très positive.

N'oubliez pas que vous devez confier vos tourments à l'autre personne dans un délai de vingt-quatre heures. Le Bouddha a dit qu'un moine a le droit d'être en colère, mais pas plus d'une nuit. Il n'est pas sain de rester trop longtemps dans cet état. Aussi, ne gardez pas ces émotions en vous pendant plus d'un jour. Habituez-vous à prononcer ces trois phrases calmement et tendrement. Prenez tout le temps nécessaire. Si vous n'avez pas retrouvé suffisamment de calme dans les délais prescrits, écrivez ces trois phrases sur un bout de papier, que vous remettrez à l'autre personne. « Je suis en colère, je vais mal. Je ne sais pas pourquoi tu m'as fait cela, pourquoi tu m'as dit cela. Je veux que tu saches que je suis triste. Je fais de mon mieux pour me maîtriser. J'ai besoin que tu m'aides. » Assurez-vous que l'autre reçoive bien ce message de paix. Dès que vous lui aurez parlé ou remis ce message, vous éprouverez un soulagement.

Un rendez-vous pour vendredi soir

Vous pourriez ajouter la suggestion suivante à vos trois phrases, à votre message de paix : « Retrouvons-nous vendredi soir pour approfondir ensemble la situation. » Faites cette suggestion le lundi ou le mardi, cela vous laissera trois ou quatre jours pour pratiquer. Durant ce temps, vous aurez tous deux l'occasion de revenir en vous pour mieux comprendre les origines du conflit. Vous pouvez vous rejoindre à n'importe quel moment, mais le vendredi soir est préférable, parce que si vous vous réconciliez, vous pourrez passer un merveilleux week-end ensemble.

Jusqu'au moment du rendez-vous, efforcez-vous de pratiquer la respiration consciente et le regard profond afin de découvrir les racines de votre colère. Que vous soyez en train de conduire, de marcher, de faire la cuisine ou de laver le linge, continuez à pratiquer en Pleine Conscience. Vous aurez ainsi la possibilité d'analyser en profondeur la nature de votre émotion. Vous découvrirez que la cause principale de votre trouble est la graine de colère en vous, parce qu'elle a trop souvent été arrosée, par vous-même et par d'autres personnes.

La colère germe en nous comme une graine, il en est de même pour l'amour et la compassion. Notre conscience abrite de nombreuses graines négatives, mais aussi de nombreuses autres positives. La pratique consiste à éviter d'arroser celles qui sont négatives et à arroser chaque jour celles qui sont positives. Cette pratique est celle de l'amour.

« Arrosage sélectif »

Vous devez vous protéger vous-même ainsi que vos proches en pratiquant « l'arrosage sélectif ». Vous pouvez dire, par exemple : « Si tu te soucies vraiment de moi, si tu m'aimes réellement, je t'en prie, n'arrose pas chaque jour les graines négatives en moi. Sinon, je serai très malheureux et tu le seras à ton tour. Aussi, je t'en prie, n'encourage pas le développement de la colère, de l'intolérance ou du désespoir en moi. De mon côté, je fais le vœu de n'arroser que les graines positives en toi – celles de l'amour, de la compassion et de la compréhension. »

Au village des Pruniers, nous appelons cette pratique « l'arrosage sélectif ». Si vous vous mettez si facilement en colère, c'est parce que cette graine négative a été arrosée trop fréquemment par le passé, avec votre consentement : vous n'aviez pas signé de contrat « d'arrosage sélectif » avec vos proches. Vous ne vous êtes pas protégé vous-même. Si vous ne le faites pas maintenant, vous ne pourrez pas préserver ceux que vous aimez.

En prenant soin de notre colère, nous connaîtrons un soulagement. En l'analysant minutieusement, nous comprendrons qu'elle s'était un peu trop développée en nous, qu'elle était la cause principale de nos tourments, et que l'autre personne n'en était qu'une cause secondaire.

En poursuivant cet examen approfondi, nous découvrirons que l'autre vit un enfer, et que, par voie de conséquence, il fait souffrir ses proches. Il ne sait pas gérer sa douleur et la transformer. C'est la raison pour laquelle celle-ci ne fait que croître chaque jour. Nous aurions dû aider cette personne. Nous aurions dû pratiquer l'arrosage sélectif. Si nous l'avions fait régulièrement, elle ne serait pas aujourd'hui dans cette situation.

Cette pratique est très efficace. En une heure seulement, nous pouvons faire éclore la fleur présente dans l'autre. Ce n'est pas si difficile.

L'arrosage des fleurs

Il y a quelques années de cela, un couple originaire de Bordeaux vint au village des Pruniers pour suivre un discours sur le Dharma. Nous célébrions l'anniversaire du Bouddha, et je donnais une conférence sur l'arrosage sélectif, sur celui des fleurs. Je remarquai que la femme pleurait en silence pendant que je parlais. À la fin de la conférence, je me suis approché du mari et lui ai dit : « Votre fleur a besoin d'être arrosée. » Il comprit immédiatement ce que j'avais voulu dire et, sur le chemin du retour, il mit mon conseil en pratique. Le trajet ne prit qu'une heure et dix minutes. Quand ils arrivèrent chez eux, leurs enfants furent très surpris de découvrir leur mère si joyeuse, car ils ne l'avaient pas vue dans un tel état depuis longtemps.

Elle avait de nombreuses graines merveilleuses en elle, que son mari n'avait pas reconnues. Il n'avait arrosé que les graines négatives parce qu'il ne pratiquait pas. Il n'avait aucune mauvaise intention, bien au contraire, mais il avait besoin de venir au village des Pruniers pour renforcer sa pratique. Il avait besoin des conseils éclairés de son maître. C'est pourquoi il est si important de participer à une communauté de pratique. Vous avez besoin de la Sangha ; vous avez besoin d'un frère, d'une sœur, ou d'un ami qui vous rappelle ce que vous savez d'ores et déjà. Le Dharma est en vous, mais il doit également être stimulé pour qu'il se manifeste et devienne une réalité. Si vous aviez vraiment arrosé les graines positives de la personne aimée, elle ne vous causerait pas tant de tourments aujourd'hui. Vous êtes donc partiellement responsable de votre malheur.

Aider l'autre

En attendant le rendez-vous du vendredi, regardez profondément en vous afin de cerner vos responsabilités dans le conflit. Ne reportez pas tous les torts sur l'autre personne. Reconnaissez tout d'abord que la cause principale de votre malheur est la graine de colère en vous, et que l'autre personne n'en est qu'une cause secondaire.

Quand vous commencerez à comprendre le rôle que vous tenez dans le conflit, vous éprouverez un grand soulagement. Vous vous sentirez bien mieux après seulement quinze minutes de pratique de la respiration consciente, de la maîtrise et de la libération de l'énergie négative. Vous en êtes capable.

Toutefois, l'autre peut encore vivre un cauchemar. Cette personne que vous aimez tant est votre fleur et vous en êtes responsable. Vous avez fait le vœu de prendre soin d'elle. Si elle est dans cet état, c'est en partie parce que vous n'avez pas pratiqué, parce que vous n'avez pas pris soin de votre fleur. Vous éprouvez de la compassion pour elle et vous avez soudain fortement envie de lui venir en aide. Cette personne vous est très chère... si vous ne l'aidez pas, qui le fera ?

Si vous éprouvez le désir de la secourir, c'est que l'énergie de la colère s'est transformée en celle de compassion. Votre pratique a porté ses fruits. L'engrais, les déchets, ont été à nouveau transformés en fleur. Cela peut prendre quinze minutes, une demiheure ou une heure. Cela dépend du niveau de concentration, de conscience, de sagesse et d'intuition auquel vous êtes parvenu durant votre pratique.

Imaginons qu'il vous reste encore trois jours avant le rendez-vous de vendredi. Vous ne souhaitez pas que l'autre personne se fasse du souci, ni qu'elle continue à souffrir. C'est la raison pour laquelle, après avoir repéré vos responsabilités, vous l'appelez aussitôt au téléphone : « Je me sens beaucoup mieux maintenant. J'ai été victime d'une perception erronée. Je vois à présent clairement comment j'ai provoqué ton malheur et le mien. Je t'en prie, ne te fais pas de souci à propos de vendredi soir. » Vous devez faire cette déclaration dans un esprit d'amour.

La plupart du temps, les émotions négatives naissent d'une perception erronée. Si vous découvrez que votre colère a pour origine une telle perception, il faut le dire aussitôt à l'autre. Il ne voulait pas vous faire souffrir, ni vous détruire, mais, pour une raison ou pour une autre, vous vous étiez persuadé du contraire. Chacun doit pratiquer ainsi. Que l'on soit père, mère, enfant, compagnon...

Êtes-vous sûr d'avoir raison ?

Un jour, un homme dut quitter sa maison pour une longue période. Avant son départ, sa femme était déjà enceinte, mais il l'ignorait. À son retour, elle avait donné naissance à un garçon. L'homme douta que cet enfant fût le sien, et porta ses soupçons sur un voisin qui avait l'habitude de venir travailler chez lui. Il se mit à haïr l'enfant. Il voyait le visage de son voisin dans celui du petit garçon. Et puis, un jour, le frère de cet homme vint lui rendre visite pour la première fois. Quand il vit le petit garçon, il dit au père : « Il te ressemble comme deux gouttes d'eau ! » La visite de son frère fut un événement heureux, parce qu'elle permit au père de se débarrasser de sa perception erronée.

Mais celle-ci avait tenu le père sous son emprise pendant douze ans. Elle avait fait profondément souffrir cet homme, sa femme et, bien entendu, le petit garçon confronté à cette terrible haine.

Nous agissons tout le temps sous l'emprise de perceptions erronées. Et nous devrions nous en méfier. Quand vous contemplez un magnifique coucher de soleil, vous croyez observer cet astre exactement comme il est à ce moment-là, mais un scientifique vous dirait qu'il s'agit de l'image du soleil tel qu'il était huit minutes plus tôt – le temps que la lumière du soleil met pour atteindre la terre. De même, l'étoile que vous contemplez a peut-être déjà disparu, il y a mille, deux mille ou dix mille ans de cela.

Nous devons considérer nos perceptions avec la plus grande prudence, sinon nous souffririons. Aussi, est-il très utile d'écrire les mots « En es-tu sûr ? » sur un bout de papier et de l'accrocher sur un mur de sa chambre. Depuis quelques temps, dans les cliniques et les hôpitaux, on affiche ce genre d'avertissement : « Même si vous êtes sûr de vous, vérifiez encore une fois. » Cette mesure de prudence n'est pas superflue car une maladie qui n'est pas détectée à temps est beaucoup plus difficile à guérir. Bien sûr, il s'agit ici d'attirer l'attention sur des maladies cachées, et non sur des constructions mentales. Mais nous pouvons, nous aussi, utiliser ce slogan : « Même si vous êtes sûr de vous, vérifiez encore une fois. » Nous sommes souvent responsables de notre propre souffrance, et créons notre propre enfer et celui de nos proches, à cause de perceptions erronées. Êtes-vous sûr de ces perceptions ?

Certains ont une vision fausse des choses depuis dix ou vingt ans. Ils ont la certitude que l'autre les a trahis ou qu'il les hait, même s'il n'avait que de bonnes intentions. Une personne victime d'une telle perception créera son propre malheur et celui de son entourage.

Je vous en prie, chaque fois que vous êtes en colère, que vous souffrez, examinez minutieusement le contenu et la nature de vos perceptions. Si vous parvenez à éliminer celles qui sont erronées, vous retrouverez la paix, le bonheur et la capacité d'aimer.

Analyser ensemble la colère

Quand il comprendra que vous faites de votre mieux, que vous examinez minutieusement les origines de votre amertume, l'autre trouvera à son tour la motivation de pratiquer. Au volant de sa voiture, en préparant un repas, il se demandera : « Qu'ai-je fait ? Qu'ai-je dit pour qu'il (elle) souffre autant ? » Il aura alors une occasion de pratiquer, lui aussi, le regard profond. Il comprendra pourquoi son attitude vous a blessé. Sa certitude de n'être pas responsable de votre souffrance commencera à s'effriter. S'il découvre qu'il a fait preuve de maladresse par ses paroles ou par ses actes, il vous appellera ou vous enverra un fax pour vous dire qu'il en est désolé.

Ainsi, grâce à votre compréhension commune de la nature de ce conflit, vous n'aurez pas besoin d'attendre le vendredi, et le rendez-vous pourra alors se transformer en une joyeuse soirée au cours de laquelle vous pratiquerez tous deux l'écoute profonde et la parole aimante. La personne en colère a le droit de dire à l'autre ce qu'elle a sur le cœur. S'il s'agit de votre partenaire, contentez-vous de lui prêter une oreille attentive sans rien dire, parce que vous le lui aviez promis. Faites de votre mieux pour pratiquer l'écoute compassionnelle. Il ne faut ni juger, ni critiquer ou analyser, mais uniquement aider l'autre à s'exprimer et à trouver un soulagement à sa souffrance.

Vous avez le droit de dire tout ce que vous avez sur le cœur – c'est même votre devoir, parce que l'autre a le droit de tout savoir, en raison de votre engagement mutuel. Vous devez absolument le faire dans le calme et avec des paroles aimantes. Si une quelconque irritation se manifeste, si vous pensez que vous allez perdre votre calme, votre sérénité, je vous en prie, arrêtez-vous : « Je ne peux pas continuer pour le moment. Pourrions-nous fixer un autre rendez-vous ? J'ai besoin de pratiquer davantage la marche et la respiration conscientes. Je ne vais pas très bien et, à dire vrai, je ne me sens pas capable de parler avec amour. » L'autre acceptera de repousser à plus tard la séance, peut-être au vendredi suivant.

Si vous êtes celui qui écoute, pratiquez, vous aussi, la respiration consciente, afin de faire le vide en vous. Écoutez avec compassion, et soyez présent de tout votre être pour permettre à l'autre de trouver l'apaisement. Vous avez la graine de la compassion en vous et elle se manifestera quand vous constaterez à quel point l'autre personne souffre. Faites donc le vœu d'être le bodhisattva, le Grand Être de l'écoute profonde. Le bodhisattva de la Grande Compassion doit être une personne réelle, pas seulement une idée.

Grâce à la compassion, vous éviterez les erreurs

Vous ne pouvez faire d'erreur que si vous oubliez la blessure de l'autre. Vous avez tendance à croire que vous êtes le seul à souffrir, et que l'autre s'en réjouit.

Ce genre de certitude engendre inéluctablement des actes cruels. En prenant conscience du malheur de l'autre, vous deviendrez le bodhisattva de l'écoute profonde. La compassion sera alors possible, et vous pourrez maintenir sa flamme vivante durant tout le temps de l'écoute. Vous serez alors le meilleur thérapeute pour l'autre personne.

Pendant qu'elle s'exprime, celle-ci peut se montrer très critique et vous accuser de tous les torts. Elle peut aussi vous paraître profondément amère et cynique. Pourtant, comme la compassion se trouve toujours en vous, cela ne vous affecte pas : ce nectar est une pure merveille. Si vous êtes décidé à la maintenir coûte que coûte, vous serez protégé. Ce que dit l'autre ne déclenchera aucune irritation en vous, parce que la compassion est le véritable antidote à la colère, elle est le seul remède qui puisse guérir cette émotion. C'est pourquoi sa pratique est si merveilleuse.

La compassion n'est possible que si la compréhension est présente. Mais comprendre quoi ? Que l'autre souffre et a besoin d'aide. Si vous ne l'aidez pas, qui le fera ? En l'écoutant, il se peut que vous découvriez un grand nombre de perceptions erronées dans son discours. Pourtant, vous devez continuer à faire preuve de compassion, parce que vous savez qu'il est victime de sa vision fausse. En tentant de le corriger, vous pourriez le briser dans son élan et l'empêcher de dire tout ce qu'il a sur le cœur. Contentez-vous de l'écouter attentivement, avec les meilleures intentions : cela aura de profonds effets curatifs sur lui.

Pour l'aider à voir la réalité en face, il faut attendre le bon moment. Votre seul objectif, en l'écoutant, est de lui donner l'occasion de s'exprimer pleinement et de faire part de ce qu'il a sur le cœur. Vous ne devez rien dire. Ce rendez-vous du vendredi soir est entièrement consacré à sa parole. Ensuite, peut-être quelques jours plus tard, quand il se sentira beaucoup mieux, vous essayerez de lui donner les informations dont il a besoin pour corriger sa perception. « L'autre jour tu as dit quelque chose qui m'a semblé en partie faux. Ce qui s'est vraiment passé, c'est que... » Utilisez la parole aimante quand vous le corrigez. Si nécessaire, demandez à un ami au courant de ce qui s'est réellement passé d'aider cette personne à comprendre la situation, de sorte qu'elle puisse se libérer de ses perceptions erronées.

La patience est la marque de l'amour authentique

La colère est un phénomène vivant. Elle surgit, et il lui faut du temps pour s'apaiser. Même si vous êtes persuadé que la réaction de l'autre est entièrement fondée sur un malentendu, je vous en prie, ne cherchez pas à le convaincre immédiatement. Même s'il a compris son erreur, son emportement mettra un certain temps à s'apaiser. Quand vous appuyez sur le bouton « arrêt » d'un ventilateur, il continue à tourner encore quelques milliers de fois avant de stopper complètement. N'espérez donc pas que l'autre retrouve immédiatement son calme. Ce n'est pas réaliste. Sa colère s'apaisera peu à peu. Aussi, ne vous précipitez pas.

La patience est la marque de l'amour authentique. Un père doit en faire la preuve pour montrer son amour à son fils ou à sa fille. Il en est de même pour une mère, un fils ou une fille. Pour être capable d'aimer, vous devez savoir attendre. Sinon, vous ne pourrez pas aider l'autre.

Vous devez également faire preuve de patience envers vous-même. L'apprentissage de la maîtrise de la colère prend du temps. Toutefois, cinq minutes seulement de respiration et de marche conscientes ainsi que de la prise en compte de votre colère peuvent avoir des effets bénéfiques. Si cela n'était pas suffisant, prenez dix ou quinze minutes. En fait, prenez autant de temps qu'il vous est nécessaire. La respiration et la marche conscientes sont de merveilleux outils pour maîtriser vos émotions. Même le jogging est efficace. Quand vous faites cuire des pommes de terre, vous devez les laisser au moins quinze ou vingt minutes sur le feu. On ne peut pas manger des pommes de terre crues. De même, il faut faire cuire sa colère sur le feu de la Pleine Conscience pendant dix ou vingt minutes, ou plus encore.

Remporter une victoire

Quand on fait cuire des pommes de terre, il faut couvrir la casserole pour empêcher la chaleur de s'échapper. C'est une forme de concentration. Quand vous pratiquez la marche ou la respiration consciente, vous ne devez rien faire d'autre. N'écoutez pas la radio, ne regardez pas la télévision, ne lisez pas de livre. Couvrez la casserole et concentrez-vous sur ce que vous faites. Pratiquez la marche méditative et la respiration consciente profondes, et utilisez toutes vos ressources pour prendre soin de votre émotion, tout comme vous le feriez pour votre bébé.

Après un certain temps, vous comprendrez mieux la situation et votre colère diminuera. Vous vous sentirez beaucoup mieux et vous aurez le désir d'aider l'autre. Quand vous aurez retiré le couvercle de la casserole, les pommes de terre dégageront un merveilleux arôme. De même, votre colère se sera transformée en une énergie d'amour et de gentillesse.

Tout cela est possible. Prenons l'exemple de la culture des tulipes. Quand l'énergie du soleil est assez forte, la tulipe s'ouvre et présente son cœur au soleil. Votre colère est une sorte de fleur. Vous devez l'envelopper de la lumière du soleil de la Pleine Conscience. Laissez cette énergie pénétrer celle de la colère. Au bout de cinq ou dix minutes, celle-ci se transformera.

Toute construction mentale – amertume, jalousie, désespoir, etc. – est sensible à l'énergie de la Pleine Conscience, tout comme une plante est sensible à la lumière du soleil. En cultivant cette énergie, on peut guérir son corps et son esprit, parce qu'il s'agit de celle du Bouddha. Le christianisme affirme que Jésus a en lui l'énergie de Dieu, du Saint-Esprit. C'est la raison pour laquelle il jouit d'un tel pouvoir de guérison. Sa puissance curative est appelée Saint-Esprit. Dans le langage bouddhiste, cette énergie est celle du Bouddha, c'est-à-dire celle de la Pleine Conscience.

La Pleine Conscience contient l'énergie de la concentration, de la compréhension et de la compassion. Ainsi, la pratique de la méditation bouddhiste consiste à générer l'énergie qui nous apportera la concentration, la compassion, la compréhension, l'amour et le bonheur. Dans notre centre de pratique, nous créons ensemble une zone d'énergie puissante, collective, qui nous enveloppe et nous protège, nous et les personnes qui viennent passer quelque temps parmi nous.

Après une seule séance de pratique, nous sommes souvent capables de maîtriser notre colère. Nous avons remporté une victoire, pour nous-mêmes et pour nos proches. Quand nous subissons une défaite, nos proches sont autant affectés que nous-mêmes. Mais quand nous remportons une victoire, c'est également pour l'autre. Ainsi, que celui-ci pratique ou non, nous pouvons travailler pour nous-mêmes et pour elle. N'attendez pas que l'autre se mette à pratiquer pour commencer. Vous pouvez le faire pour vous deux.

5.

Communication compassionnelle

Dans le passé, vous avez peut-être eu des problèmes de communication avec vos parents. Votre père – ou votre mère – vous semblait peut-être très distant. Toute la famille pâtit d'une telle situation. Chaque partie pense qu'elle est victime de l'incompréhension et de la haine de l'autre. Le parent et l'enfant ignorent qu'ils ont beaucoup en commun, qu'ils ont tous deux la capacité de comprendre, de pardonner et d'aimer. Dans ces conditions, il est très important de reconnaître les éléments positifs qui sont toujours présents en nous, afin d'empêcher tous nos affects négatifs de nous dominer.

Le soleil derrière les nuages

Quand il pleut, on croit que le soleil est absent, mais il suffit de voler assez haut en avion pour le retrouver au-dessus des nuages, on s'aperçoit alors qu'il est toujours là. De même, dans les périodes de colère ou de désespoir, notre amour est toujours présent. Notre aptitude à communiquer, à pardonner, à faire montre de compassion est toujours présente. Ne doutez pas de cela. Nous sommes au-delà de nos émotions et de notre malheur. Nous devons reconnaître que nous avons en nous la capacité d'aimer, de comprendre et de faire preuve de compassion. Si vous prenez conscience de cela, vous ne serez plus désespéré les jours de pluie : vous saurez que le soleil brillera à nouveau tôt ou tard. Ne perdez pas espoir. Si vous pouviez garder à l'esprit que les éléments positifs sont toujours présents en vous et chez l'autre, vous sauriez que ce qu'il y a de meilleur en vous deux pourra se manifester à nouveau.

La pratique est là pour cela. Elle vous aidera à toucher le soleil, à atteindre le Bouddha, le bien qui est en vous, et à transformer ainsi la situation. Vous pouvez désigner ce concept comme bon vous semble, selon vos propres traditions spirituelles.

Au fond de votre être, vous savez que vous êtes capables d'incarner la paix. Sachez que l'énergie du Bouddha est toujours en vous. La seule chose que vous ayez à faire est de la chercher en vous pour qu'elle vous vienne en aide. Pour ce faire, vous pouvez pratiquer la respiration et la marche conscientes ainsi que la méditation assise.

S'entraîner à l'écoute profonde

La communication est une pratique qui nécessite une certaine habileté. La bonne volonté ne suffit pas.

Il faut apprendre à écouter. Peut-être avez-vous perdu cette capacité. Il se peut aussi que l'autre ait trop souvent exprimé son amertume, en vous accablant de reproches, au-delà de ce que vous pouvez supporter. Peu à peu, vous en êtes venu à l'éviter, vous n'avez plus la capacité de l'écouter.

Si vous l'évitez, c'est parce que vous avez peur. Vous ne voulez plus souffrir. Mais cette attitude peut également provoquer un malentendu : l'autre peut croire que vous le méprisez, et cela peut l'attrister au plus haut point. Il aura l'impression que vous le rejetez, que vous faites comme s'il n'existait pas. Pourtant, il est bien là et vous ne pouvez pas le nier. La seule solution consiste à retrouver votre aptitude à communiquer. L'écoute profonde est la solution.

Nombreux sont ceux qui pensent que personne ne peut les comprendre. Chacun a mille choses à faire et nul ne semble avoir la capacité d'écouter. Pourtant, nous avons tous besoin de quelqu'un qui puisse le faire.

De nos jours, de nombreux psychothérapeutes sont censés écouter ce que nous avons sur le cœur. Pour être de véritables thérapeutes, ils doivent pratiquer l'écoute profonde, de tout leur être, sans préjugés, sans jugement.

Je ne sais pas comment ceux-ci acquièrent cette capacité d'écoute profonde. Le thérapeute peut, lui aussi, être plongé dans le malheur. Pendant qu'il écoute son patient, les graines de sa propre souffrance peuvent être arrosées. Comment, dans ces conditions, pourrait-il écouter convenablement son patient ? Si vous envisagez de devenir thérapeute, vous devez apprendre l'art de l'écoute profonde.

L'écoute compassionnelle doit permettre à l'autre de sentir que vous lui portez une réelle attention, que vous essayez de le comprendre de tout votre être et de tout votre cœur. Mais combien d'entre nous sont capables de le faire ? Chacun s'accorde à dire qu'il faut écouter l'autre avec son cœur, afin d'entendre réellement ce qu'il a à dire, qu'il faut donner à son interlocuteur le sentiment qu'il est vraiment compris, car ce n'est qu'ainsi qu'il trouvera un certain soulagement. Mais, dans la réalité, combien d'entre nous sont capables de pratiquer de cette façon ?

Écouter pour soulager

L'écoute profonde, compassionnelle, ne consiste pas à analyser la parole de l'autre ou à tenter de découvrir la nature des traumatismes passés. Son objectif est avant tout de soulager l'autre personne, pour qu'elle puisse s'exprimer et avoir le sentiment que quelqu'un, enfin, la comprend. L'écoute profonde est une pratique qui nous aide à maintenir vivante notre compassion pendant que l'autre personne s'exprime (en général, pendant une demi-heure ou quarante-cinq minutes). Durant ce temps, il ne faut avoir qu'une seule idée en tête : écouter pour donner à l'autre la possibilité de s'exprimer et de soulager sa souffrance. Ce doit être notre unique objectif. Les autres tâches – analyse, compréhension du passé, etc. – ne représentent qu'un aspect secondaire de ce travail. J'insiste, l'essentiel est d'écouter avec compassion.

La compassion est l'antidote à la colère et à l'amertume

En maintenant votre compassion pendant l'écoute, vous empêchez votre colère de se manifester. Sinon, les paroles de l'autre risqueraient de vous plonger dans une profonde amertume. Seule la compassion peut vous protéger de l'irritation et du désespoir.

Si vous souhaitez agir comme un Grand Être pendant votre écoute, c'est parce que vous savez que l'autre personne est désespérée et qu'elle a besoin de votre aide. Mais, pour être en mesure de le faire, il vous faut du matériel.

Pour éteindre un incendie, les pompiers ont besoin d'un équipement approprié. Il leur faut des échelles, de l'eau et des vêtements qui les protègent du feu. Ils doivent maîtriser de nombreuses techniques, tant pour se protéger que pour combattre les flammes. Quand vous écoutez attentivement une personne qui souffre, c'est comme si vous entriez dans un incendie, celui de la souffrance, de la colère qui consume votre interlocuteur. Sans un bon équipement, vous ne pourriez pas aider cette personne et vous pourriez être vous-même victime du feu.

Dans une telle situation, votre équipement est la compassion, qui peut être nourrie et maintenue vivante grâce à la pratique de la respiration consciente. Celle-ci génère l'énergie de la Pleine Conscience et maintient votre désir fondamental, qui est d'aider l'autre personne à s'exprimer librement. Si les paroles de l'autre sont remplies d'amertume, de condamnations et de jugements, il vous suffit de maintenir vivante votre compassion, grâce à la respiration consciente, pour en être protégé. Vous serez capable de rester assis et d'écouter pendant une heure sans en être affecté. Votre compassion vous nourrira, car vous saurez que vous êtes en train de soulager l'autre de son malheur. Jouez le rôle d'un bodhisattva, et vous figurerez parmi les meilleurs thérapeutes.

La compassion est le fruit du bonheur et de la compréhension. Si vous êtes capable de les maintenir coûte que coûte, vous serez en sécurité. Ce que dit l'autre personne ne pourra pas vous affecter et vous pourrez rester attentif. Sans compassion, vous ne pouvez prétendre à une écoute profonde. L'autre constatera que vous avez plein d'idées sur la souffrance, mais que vous ne le comprenez pas réellement. Si vous êtes capable de compréhension, vous pourrez écouter avec compassion, profondément. La qualité de cette écoute sera le fruit de votre pratique.

Se nourrir soi-même

Le fait de vivre la souffrance peut nous aider à nourrir notre compassion et à reconnaître le bonheur quand il est là. Si l'on se « déconnecte » de sa souffrance, on ne peut pas savoir ce qu'est le vrai bonheur. C'est pourquoi notre pratique consiste à communier avec elle. Toutefois, chacun de nous a ses limites, qu'il est très difficile de dépasser.

C'est la raison pour laquelle vous devez prendre particulièrement soin de vous-même. Si vous prêtez trop d'attention aux affects négatifs de l'autre, ils vous toucheront et vous n'aurez pas la possibilité de découvrir d'autres éléments, positifs ceux-là. Cela nuira gravement à votre équilibre. Vous devez donc vous efforcer de côtoyer quotidiennement tout ce qui n'évoque pas le malheur – le ciel, les oiseaux, les arbres, les fleurs, les enfants – tout ce qui est rafraîchissant, bienfaisant et enrichissant en vous et autour de vous.

Quand vous êtes submergé par vos problèmes, laissez vos amis vous venir en aide. Ils vous diront peut-être : « Regarde comme le ciel est beau ce matin. Il est voilé, mais il est absolument magnifique. Le paradis est là. Pourquoi ne reviens-tu pas ici et maintenant pour contempler ce merveilleux spectacle ? » Vous faites partie d'une communauté, dont les membres savent être heureux et peuvent donc vous aider à retrouver une vision positive de la vie. Il s'agit de l'enrichissement spirituel que nous pratiquons. C'est très important.

Nous devrions vivre chaque jour profondément, dans la joie, la paix et la compassion, parce que le temps passe très vite. Chaque matin, j'offre un bâton d'encens au Bouddha. Je fais le vœu de profiter de chaque minute qu'il m'est donné de vivre. C'est grâce à la technique de la marche et de la respiration conscientes que je peux profiter pleinement de chaque moment de ma vie quotidienne. Ces pratiques sont comme deux amies qui m'aident en permanence à revenir ici et maintenant et à découvrir les merveilles que la vie peut m'offrir.

Elles jouent un rôle fondamental. Écouter le son d'une cloche se révèle profondément enrichissant et plaisant. Au village des Pruniers, chaque fois que le téléphone sonne, que l'horloge carillonne, ou que retentit la cloche du monastère, c'est pour nous l'occasion d'interrompre nos activités, quelles qu'elles soient, de cesser de parler ou de penser. Ces bruits sont ceux de la Pleine Conscience. Quand nous entendons leur son, nous détendons notre corps et revenons à notre respiration. Nous sommes conscients d'être en vie et de profiter des nombreuses merveilles de l'existence. Nous cessons nos activités naturellement, avec plaisir, et non avec solennité ou rigidité. En inspirant et en expirant à trois reprises, nous savourons le plaisir d'être en vie. En interrompant toute activité, nous revenons au calme et à la paix intérieure, nous devenons libres. Notre travail devient plus agréable et les personnes qui nous entourent deviennent plus réelles.

Cette pratique – faire une pause et respirer lorsque la cloche sonne – est un exemple de ce qui peut nous aider à communier avec les éléments beaux et enrichissants de la vie quotidienne. Vous pouvez pratiquer seul, mais avec la Sangha, c'est beaucoup plus facile. La communauté est toujours là. La Sangha peut vous sortir de votre malheur et vous permettre de communier avec les éléments positifs de la vie.

Connaître ses limites est une des règles de notre pratique. Même si vous êtes un maître spirituel qui a la capacité d'écouter autrui, vous devez connaître vos limites. Sachez apprécier la marche méditative, votre thé, et la compagnie des gens heureux afin d'être suffisamment nourri. Pour bien écouter l'autre, il faut d'abord prendre soin de soi-même. D'un côté, vous avez tous les jours besoin d'une nourriture appropriée, de l'autre, vous devez renforcer la compassion en vous afin d'être bien équipé pour accomplir la tâche de l'écoute profonde. Vous devez jouer le rôle d'un Grand Être, dont le bonheur est si grand qu'il est capable de soulager les gens de leurs afflictions.

Vous êtes vos enfants

En tant que père ou mère, vous devez écouter votre fils ou votre fille. C'est très important, parce que votre enfant, c'est vous-même. Il est votre perpétuation. La plus importante de vos tâches consiste à rétablir la communication entre vous. Quand vous souffrez de troubles cardiaques ou gastriques, il ne vous vient pas à l'idée de procéder à l'ablation de votre cœur ou de votre estomac. Vous ne pouvez pas dire : « Tu n'es pas mon cœur ! Mon cœur ne se comporterait pas comme ça. Tu n'es pas mon estomac ! Mon estomac ne se comporterait pas comme ça. Je ne veux plus rien avoir à faire avec toi ! » Ce serait idiot. Si vous parliez ainsi à votre enfant, ce serait tout aussi stupide.

Dès que l'enfant est conçu dans l'utérus, la mère et le fœtus ne font plus qu'un. Elle peut même dialoguer avec lui : « Ne t'inquiète pas, mon chéri, je sais que tu es là. » Elle doit lui parler avec amour et faire attention à son alimentation, parce que le bébé absorbera tous les aliments qu'elle ingère. De même, ses joies et ses peines seront celles du bébé. Elle ne fait qu'un avec lui.

Après l'accouchement, cette conscience de ne faire qu'un avec le bébé diminue souvent. Supposons que vous soyez la mère d'un adolescent de douze ou treize ans : vous avez sans doute complètement oublié qu'il est une partie de vous-même. Vous le considérez comme une entité distincte. Des problèmes surgissent alors entre vous. Avoir un problème avec son enfant, c'est comme avoir un problème avec son estomac, son cœur ou ses reins. Si vous croyez qu'il est une entité distincte, vous risquez de lui dire : « Va-t'en ! Tu n'es pas mon fils ! Tu n'es pas ma fille ! Mon fils, ma fille ne se comporterait pas comme cela. » Mais, de même que vous ne pouvez pas dire cela à votre estomac ou à votre cœur, vous ne pouvez pas le dire à votre enfant. Le Bouddha a déclaré : « Il n'y a pas de moi séparé. » Vous et votre enfant êtes seulement un maillon de la longue chaîne de générations de vos ancêtres. Vous êtes un fragment d'un long courant de vie. Vous serez toujours profondément affectée par ce que feront vos enfants, comme s'ils étaient toujours dans votre utérus. De même, ceux-ci seront toujours profondément affectés par ce que vous ferez, parce qu'ils ne seront jamais détachés de vous. Vos joies et vos peines sont les leurs et vice versa. Vous devez donc faire tout votre possible pour rétablir la communication entre vous.

Établir un dialogue

La confusion et l'ignorance nous conduisent à penser que nous sommes les seuls à souffrir. Nous pensons que notre enfant ne le peut pas. Mais, en réalité, chaque fois que nous souffrons, notre enfant souffre également. Sachez que vous êtes présent dans chaque cellule du corps de votre enfant, que chacune de ses émotions et chacune de ses perceptions sont également les vôtres. Dans ces conditions, n'oubliez jamais que vous ne faites qu'un avec lui, tout comme à sa naissance. Vous pourrez ainsi rétablir le dialogue avec votre enfant.

Dans le passé, vous avez fait des erreurs. Vous avez fait souffrir votre estomac. Votre régime alimentaire, vos soucis ont eu un impact profond sur votre estomac, sur vos intestins et sur votre cœur. Vous êtes tout autant responsable de ces organes que de votre enfant. Vous ne pouvez pas prétendre le contraire. Il serait beaucoup plus sage d'aller trouver votre enfant et de lui dire : « Mon cher enfant, je sais que tu souffres énormément, et depuis de nombreuses années. Quand tu vas mal, je vais mal, moi aussi. Comment pourrais-je être heureux dans ces conditions ? Pouvons-nous remédier à cette situation ? Pouvons-nous chercher ensemble une solution ? Pouvons-nous dialoguer ? Je désire vraiment rétablir la communication, mais seul, je ne peux pas faire grand-chose. J'ai besoin de ton aide. »

Grâce à un tel dialogue, qui est celui de l'amour, de la compréhension et de l'illumination, la situation peut changer. Vous avez enfin compris que vous ne faites qu'un avec votre enfant, et que le bonheur et le bien-être ne sont pas des questions individuelles, car elles vous concernent tous les deux. Ce que vous lui dites doit donc être le fruit de l'amour et de la compréhension qu'il n'existe pas de moi séparé. Si vous pouvez vous exprimer ainsi, c'est parce que vous avez compris votre véritable nature et celle de votre enfant. Vous savez que s'il est comme il est, c'est parce que vous-même êtes ainsi et inversement : vous êtes interdépendants, vous n'êtes pas séparés.

Entraînez-vous à vivre en Pleine Conscience, jusqu'à ce que vous soyez en mesure de rétablir la communication. « Mon cher fils, je sais que tu es une partie de moi-même. Tu es ma perpétuation et, quand tu souffres, je ne peux en aucun cas être heureux, aussi essayons de résoudre les problèmes ensemble. Je t'en prie, aide-moi. » Votre fils pourrait employer les mêmes mots, parce qu'il a compris qu'il ne pourra pas être heureux si ses parents vont mal. Grâce à la pratique de la Pleine Conscience, il peut toucher la réalité du moi non-séparé et apprendre à renouer le dialogue avec son père. Il peut très bien être celui qui prend l'initiative.

Le même processus peut se dérouler dans les relations amoureuses. Vous avez fait le vœu de ne faire qu'un avec votre partenaire. Avec un profond sentiment de sincérité, vous avez fait le vœu de partager vos joies et vos peines. Dire à son partenaire que l'on a besoin de son aide pour repartir du bon pied n'est qu'une continuation de ces vœux. Chacun d'entre nous a la capacité de s'exprimer et d'écouter ainsi.

Lettres d'amour

Une Française gardait les anciennes lettres d'amour de son mari. Avant leur mariage, il lui en écrivait de magnifiques. Elle en savourait chaque phrase, chaque mot. Ces lettres étaient pleines de douceur, de compréhension et d'amour. Elle était aux anges chaque fois qu'elle en recevait une. C'est pourquoi elle les avait conservées dans une boîte de biscuits. Un matin, alors qu'elle mettait de l'ordre dans son armoire, elle découvrit cette boîte. Cela faisait longtemps qu'elle n'était pas tombée dessus. Elle lui rappelait un temps merveilleux, celui de leur jeunesse, quand ils s'aimaient et étaient persuadés qu'ils ne pourraient vivre l'un sans l'autre.

Mais, depuis plusieurs années, leur vie était devenue un enfer. Ils n'étaient plus heureux ensemble. Ils n'aimaient plus se parler. Ils ne s'écrivaient plus. La veille du jour où elle trouva la boîte de biscuits, son mari l'avait informée qu'il devait partir en voyage d'affaires. Il n'aimait pas rester à la maison, et sans doute cherchait-il un peu de bonheur ou de plaisir en s'éloignant. Elle en avait parfaitement conscience. Quand son mari lui dit qu'il devait se rendre à New York pour une réunion de travail, elle lui répondit : « Si tu dois travailler, vas-y, je t'en prie. » Elle avait à présent l'habitude de ce genre d'escapades, c'était même devenu quelque chose de banal. Quelques jours plus tard, au lieu de rentrer à la maison comme prévu, il lui téléphona et lui dit : « Je dois rester ici deux jours de plus, car j'ai encore des choses à faire. » Elle l'accepta très facilement, parce qu'elle n'était pas heureuse quand il était à la maison.

Après avoir raccroché le combiné du téléphone, elle décida de ranger et de nettoyer son armoire. C'est ainsi qu'elle découvrit la boîte de biscuits, de la marque « Lu ». Cela piqua sa curiosité parce que cela faisait très longtemps qu'elle ne l'avait pas ouverte. Elle posa son chiffon, ouvrit la boîte et le parfum qui en émana lui sembla très familier. Elle sortit une des lettres et se mit à la lire. Elle était absolument délicieuse ! Les phrases regorgeaient de compréhension et d'amour. Tout cela était follement rafraîchissant ; elle se sentait comme un terrain sec qui reçoit enfin la pluie. C'était si merveilleux qu'elle ouvrit une autre lettre. Finalement, elle s'empara de la boîte et s'assit devant la table et se mit à lire toutes les lettres, jusqu'à la dernière. Les graines de son bonheur passé étaient toujours là. Elles avaient été ensevelies sous de nombreuses couches de malheur, mais elles restaient présentes. Ainsi, tandis qu'elle lisait cette lettre d'amour surgie d'un passé oublié, elle eut le sentiment que les graines du bonheur enfouies en elle commençaient à être arrosées.

Dans une telle situation, ce sont des graines profondément enfouies dans la conscience que l'on arrose. Il y avait longtemps que son mari ne lui manifestait plus un tel amour. Mais à présent, en relisant ses phrases, elle pouvait l'entendre prononcer ces mots doux. Le bonheur avait été une réalité pour eux deux. Pourquoi vivaient-ils maintenant dans une sorte d'enfer ? Elle avait oublié qu'il avait l'habitude de lui parler ainsi, mais cela avait été une réalité. Il était capable de lui tenir ce genre de discours.

Arroser les graines du bonheur

Durant l'heure et demie qu'elle passa à lire, elle arrosa les graines du bonheur présentes en elle. Elle prit conscience qu'ils avaient tous deux fait preuve de maladresse. Chacun avait arrosé les graines de la souffrance de l'autre, en délaissant celles du bonheur. Après sa lecture, la femme eut le désir ardent d'écrire à son mari pour lui dire à quel point elle avait été heureuse à l'époque, au début de leur relation. Elle lui dit son espoir de pouvoir revivre un tel bonheur. À présent, elle était à nouveau en mesure de l'appeler « mon bien-aimé », en toute sincérité.

Il lui fallut quarante-cinq minutes pour rédiger cette lettre – une vraie lettre d'amour, adressée au charmant jeune homme qui lui avait écrit de si jolis mots. La lecture des lettres de son mari, puis la rédaction de la sienne lui prirent environ trois heures. Ce fut un moment de pratique, mais elle l'ignorait. Ensuite, elle eut un profond sentiment de légèreté. La lettre n'avait pas encore été remise à son destinataire, son mari ne l'avait pas encore lue, mais elle se sentait beaucoup mieux, parce que les graines du bonheur avaient été de nouveau arrosées. Elle monta au premier étage et plaça la lettre sur le bureau de son mari. Pendant tout le reste de la journée, elle fut heureuse parce que, ainsi, elle avait arrosé les graines positives en elle.

Cette pratique lui avait permis de prendre conscience de certaines choses. Ils avaient tous deux fait preuve de maladresse. Ils s'étaient tous deux montrés incapables de préserver le bonheur auquel ils avaient droit. Par leurs discours, par leurs actions, ils avaient créé leur propre enfer. Ils avaient décidé de vivre en famille, en couple, mais la joie avait depuis longtemps disparu de leur vie. Après avoir compris cela, elle se dit avec confiance que s'ils s'efforçaient tous deux de pratiquer, le bonheur pourrait revenir dans leur existence. Pleine d'espoir, elle s'aperçut que la souffrance qui l'accablait depuis tant d'années avait subitement disparu.

À son retour, son mari monta au premier étage et découvrit la lettre sur son bureau. Voici ce qu'il put lire : « Je me sens en partie responsable de notre souffrance et de la disparition de ce bonheur que nous méritons tous deux. Essayons de repartir sur de bonnes bases et de rétablir la communication. Faisons la paix, faisons à nouveau une réalité de l'harmonie et du bonheur. » Il lut et relut ces mots, cherchant à en comprendre le sens profond. Il ne savait pas qu'il pratiquait ainsi la méditation et arrosait ses propres graines du bonheur. Il resta un long moment à réfléchir dans son bureau, et parvint aux mêmes conclusions que sa femme, la veille. Ainsi, ils étaient tous deux prêts à transformer leur relation pour retrouver le bonheur.

De nos jours, les gens ne correspondent plus. Ils se téléphonent pour seulement se demander : « Es-tu libre ce soir ? Veux-tu sortir ? » Il n'en reste aucune trace. C'est bien dommage. Nous devons réapprendre à concevoir des lettres d'amour. Écrivez à votre bien-aimé(e), à votre père, à votre fils, à votre fille, à votre mère, à votre sœur ou à votre ami. Prenez le temps d'exprimer par écrit votre gratitude et votre amour.

Petits miracles

Il y a de nombreuses façons de rétablir la communication. Si vous trouvez trop difficile de parler à votre enfant, pourquoi ne pas pratiquer la marche et la respiration conscientes pendant un jour ou deux ? Ensuite, installez-vous confortablement et écrivez-lui une lettre d'amour. Vous pouvez utiliser le même genre de discours : « Mon cher fils, je sais que tu as terriblement souffert, et moi, ton père, j'en suis partiellement responsable parce que je n'ai pas su te transmettre le meilleur de moi-même. Je sais que tu n'as pas pu me faire part de tes peines, et je veux que cela change. Je veux être là pour toi. Efforçons-nous de nous aider l'un l'autre et d'améliorer notre communication. » Il faut que vous appreniez à vous exprimer ainsi.

La parole aimante et l'écoute compassionnelle nous sauveront. Il ne s'agit pas d'un miracle divin, cela n'est dû qu'à notre seul talent de praticien. Vous avez la capacité de réussir dans cette entreprise. Au tréfonds de votre conscience, il y a suffisamment de paix, de compassion et de compréhension pour y parvenir. Faites appel à ces ressources, faites appel au Bouddha en vous. Avec un ami animé d'une tendre sollicitude, vous pourrez repartir sur de nouvelles bases et rétablir la communication.

6.

Le Sutra du cœur

Un moment de gratitude, un moment d'illumination

Parfois, nous éprouvons une profonde gratitude pour l'autre. Nous apprécions profondément sa présence dans notre vie. Nous ressentons beaucoup de compassion, de gratitude et d'amour. La plupart d'entre nous ont fait l'expérience de tels moments. Nous éprouvons une immense reconnaissance envers l'autre, pour sa présence fidèle à nos côtés, y compris durant les périodes difficiles. Je voudrais simplement dire que si un tel moment se reproduit dans votre vie, profitez-en au maximum.

Pour vraiment jouir de ces instants, retirez-vous dans un endroit où vous pourrez être seul avec vous-même. Il ne suffit pas de dire à l'autre personne : « Je te remercie profondément d'être là. » Ce n'est pas suffisant. Vous pourrez dire cela plus tard. Dans l'immédiat, il est préférable que vous vous retiriez dans votre chambre ou dans un endroit tranquille pour vous imprégner de ce sentiment de gratitude. Ensuite, couchez par écrit vos émotions présentes, ou bien enregistrez-vous sur une cassette.

Ce moment de gratitude est un moment d'illumination, de Pleine Conscience et d'intelligence. C'est une manifestation des profondeurs de votre esprit. Vous avez cette compréhension et cette intuition en vous. Quand vous êtes sous l'emprise de la colère, ces sentiments de gratitude et d'amour disparaissent. Vous avez même l'impression qu'ils n'ont jamais existé. C'est la raison pour laquelle vous devez les consigner sur une feuille de papier, que vous mettrez à l'abri et que vous vous relirez de temps à autre.

Le Sutra du cœur – texte sacré récité par de nombreux bouddhistes – est l'essence des enseignements du Bouddha sur la sagesse. Ce que vous avez écrit est un sutra du cœur, parce que cela vient du fond même de votre être, et non de celui d'un bodhisattva ou du Bouddha. C'est *votre* sutra du cœur.

Récitez quotidiennement votre sutra du cœur

Souvenons-nous de cette femme qui fut sauvée par les lettres d'amour de son mari. Quand on les lit avec son cœur, de telles lettres peuvent guérir. Votre sauveteur ne vient pas de l'extérieur, il vient de l'intérieur. Vous pouvez aimer, vous avez la capacité d'apprécier l'autre personne, d'éprouver de la gratitude. C'est une bénédiction. Vous avez eu de la chance de rencontrer votre partenaire, de l'avoir à vos côtés dans votre existence. N'oubliez jamais cette vérité. Elle se trouve en vous. C'est la raison pour laquelle vous devez réciter tous les jours votre sutra du cœur. Chaque fois que vous faites appel à l'amour et aux sentiments qui sont en vous, vous redonnez vie à la gratitude et chérissez à nouveau la présence de l'autre.

Pour apprécier pleinement sa présence, il faut être seul. Si vous êtes toujours ensemble, vous risquez de trouver sa compagnie toute naturelle et d'oublier sa beauté et sa bonté. De temps à autre, accordez-vous de trois à sept jours. Éloignez-vous de l'autre afin de mieux l'apprécier. Le fait d'être loin de lui le rendra plus réel, plus substantiel que si vous restiez constamment à ses côtés. Durant le temps de cette séparation, vous réaliserez à quel point cette personne est précieuse pour vous.

Aussi, je vous en prie, créez votre propre sutra du cœur et conservez-le dans un endroit sacré. Récitez-le le plus souvent possible. Ainsi, chaque fois que vous serez hors de vous, ce sutra vous aidera énormément. Prenez-le, pratiquez la respiration profonde, puis lisez-le. Vous reviendrez aussitôt à vous-même et votre douleur s'apaisera peu à peu. Après l'avoir lu, vous saurez comment agir et réagir. La difficulté, c'est de trouver la motivation de le faire. Vous devez créer les conditions qui vous permettront de vraiment profiter de votre intelligence. Utilisez votre talent pour mener à bien cette pratique.

Quitter la rive de la colère

Vous êtes toujours sur la rive de la souffrance et de la colère. Pourquoi restez-vous là ? Vous devriez rejoindre l'autre rive – celle de la paix et de la libération. La vie y est beaucoup plus agréable. Pourquoi devriez-vous passer des heures, une soirée ou même des jours dans cet état d'exaspération ? Un bateau est à votre disposition pour rejoindre rapidement l'autre rive. Cette embarquation incarne la pratique qui consiste à revenir en soi-même, grâce à la respiration consciente, afin d'observer en profondeur ses affects pénibles, puis de leur sourire. Ainsi, vous surmonterez votre douleur et rejoindrez l'autre rive.

Pour le moment, vous êtes peut-être sur la rive de la confusion, de l'amertume ou du doute. Ne restez pas là, rejoignez l'autre berge. Grâce à la Sangha, à vos frères et à vos sœurs dans le Dharma, grâce à votre pratique de la marche, de la respiration, du regard profond et de la récitation de votre sutra du cœur, vous atteindrez très rapidement l'autre côté, peut-être même en quelques minutes. Vous avez le droit d'être heureux, d'éprouver de la compassion, une tendre sollicitude. La graine de l'illumination est en vous. Avec la pratique, vous pourrez en un instant transformer celle-ci en fleur et mettre un terme à votre affliction, parce que le Dharma est immédiatement efficace. Ses effets sont plus rapides que ceux de l'aspirine.

Offrez un cadeau lorsque vous êtes en colère

Parfois, tous nos efforts pour transformer notre colère semblent voués à l'échec. Dans un cas semblable, le Bouddha conseille d'offrir un cadeau à l'autre. Cela peut sembler puéril, mais c'est très efficace. Quand l'autre vous exaspère, envoyez-lui un présent. Ensuite, votre fureur s'évanouira d'elle-même. C'est très simple, et ça marche à tous les coups.

N'attendez pas d'être hors de vous pour acheter ce cadeau. Dès que vous éprouvez de la gratitude et de l'amour pour l'autre, dépêchez-vous de lui trouver quelque chose. Mais ne l'envoyez pas, ne le lui offrez pas tout de suite. Rangez-le. Vous pouvez même vous permettre le luxe d'en conserver deux ou trois dans votre armoire. Plus tard, lorsque vous éprouverez un sentiment d'exaspération, sortez l'un de ces cadeaux et envoyez-le. C'est très efficace. Le Bouddha était intelligent.

Le soulagement naît de la compréhension

Quand vous êtes en colère, vous cherchez par tous les moyens à apaiser votre peine. C'est tout à fait naturel. Il y a de nombreuses façons de trouver un soulagement, mais c'est de la compréhension que naît le plus grand apaisement. Quand elle est là, la colère s'en va d'elle-même. D'une manière générale, quand vous comprenez la situation de l'autre personne, la nature de sa douleur, la colère disparaît, parce qu'elle s'est transformée en compassion.

À cet égard, la pratique du regard profond est le remède le plus efficace. Elle vous permettra d'appréhender les difficultés des autres et leurs désirs profonds. C'est ainsi que la compassion naîtra en vous. Si vous la laissez jaillir de votre cœur, le feu de la colère s'éteindra aussitôt.

Dans la plupart des cas, l'affliction naît de l'incompréhension de la non-séparation du moi. L'autre est vous, et vous êtes l'autre. Dès que vous aurez assimilé cette vérité, la colère s'évanouira.

La compassion est une fleur magnifique qui naît de la compréhension. Aussi, quand vous êtes irrité contre quelqu'un, pratiquez l'inspiration et l'expiration conscientes. L'examen approfondi de la situation vous libérera, car vous aurez compris la véritable nature de votre peine et de celle de l'autre.

Les dangers de la décharge émotionnelle

Certains thérapeutes affirment qu'il suffit d'extérioriser sa colère pour se sentir mieux. Ils conseillent ainsi de cogner un pneu avec un bâton, de claquer une porte de toutes ses forces, ou encore de martyriser un oreiller. Ils pensent que c'est la meilleure façon de libérer l'énergie de la colère. Ils appellent cela la « décharge émotionnelle ».

Quand votre chambre est envahie de fumée, vous devez ouvrir la fenêtre pour que celle-ci puisse s'échapper. La colère est une sorte de fumée, une énergie qui vous fait souffrir. Quand cette fumée s'élève, vous l'évacuez. De même, on peut évacuer l'irascibilité en cognant sur un arbre ou sur une pierre avec un bâton, ou sur un oreiller. J'ai vu bon nombre de gens se défouler ainsi. Il est exact qu'ils obtiennent un soulagement passager. Mais, les effets secondaires de la décharge émotionnelle sont très dangereux. Ils engendrent un fort accroissement de la souffrance.

La colère a besoin d'énergie pour se manifester. En cognant de toutes vos forces sur un oreiller, vous serez épuisé au bout d'une demi-heure. Dans ces conditions, vous n'aurez plus d'énergie pour alimenter votre ressentiment. Vous pourriez penser qu'il a disparu, mais c'est une erreur : vous êtes tout simplement trop fatigué pour éprouver la moindre émotion.

La colère est profondément enracinée dans l'être. Ses racines plongent dans le terreau de l'ignorance, des perceptions erronées, du manque de compréhension et de compassion. Chaque fois que vous épanchez votre colère, vous nourrissez ces racines, qui produisent alors encore plus de colère. Elles sont toujours là et cette technique ne fait que les renforcer. Voilà le danger de la décharge émotionnelle.

Un article du *New York Times* sur la colère, daté du 9 mars 1999, était intitulé ainsi : « Il est fortement déconseillé de laisser libre cours à sa colère. » Selon cet article, des nombreuses études sur cet affect menées par des psychologues, il ressort qu'il ne sert strictement à rien d'exprimer son agressivité en cognant sur un objet quelconque. En fait, cela ne fait qu'aggraver la situation.

Quand vous tapez sur un oreiller, vous n'apaisez pas votre exaspération – vous la réitérez. Si vous faites cela tous les jours, la graine de la colère ne cessera de se développer en vous. Et, un jour ou l'autre, quand vous rencontrerez la personne qui suscite votre courroux, vous continuerez à pratiquer ce que vous avez appris. Vous frapperez l'autre personne et finirez en prison. C'est la raison pour laquelle il ne sert à rien de cogner sur un coussin pour libérer son agressivité. C'est dangereux. Non seulement cela n'évacue pas l'énergie de la colère, mais cela la renforce.

La méthode de la décharge émotionnelle est une pratique fondée sur l'ignorance. Imaginer l'objet de sa haine sous l'aspect d'un oreiller sur lequel on cogne de toutes ses forces ne fera qu'alimenter l'ignorance et la colère. Loin de diminuer celles-ci, on deviendra encore plus violent.

Un certain nombre de thérapeutes m'ont confirmé que cette méthode est dangereuse et qu'ils avaient cessé de la conseiller à leurs patients. En effet, cette pratique n'aboutit qu'à l'épuisement des sujets, alors qu'ils se croient soulagés. Après une période de repos et un bon repas, si quelqu'un arrose les graines de la colère en eux, ils deviennent encore plus furieux qu'auparavant. Ils ont nourri les racines de leur colère en la réitérant.

Quand la Pleine Conscience est là, vous êtes en sécurité

Nous devons faire face à notre colère, nous devons reconnaître sa présence et prendre soin d'elle. En psychothérapie, on appelle cela « s'identifier à sa colère ». C'est quelque chose de merveilleux et de très important. Vous devez reconnaître votre affect et en prendre soin quand il se manifeste, et non tenter de le réprimer.

Cependant, ce qui importe ici, c'est de savoir qui s'identifie à sa colère, la reconnaît et en prend soin. Il s'agit d'une énergie qui, si elle est trop puissante, peut devenir dangereuse pour vous. Il faut donc s'efforcer de produire une autre sorte d'énergie, capable de reconnaître et de maîtriser la colère. Celle-ci est une zone d'énergie qui a besoin d'être identifiée. La question est de savoir qui identifie quoi. Au moyen de quelle énergie ? Celle de la Pleine Conscience. Aussi, chaque fois que vous êtes hors de vous, pratiquez la respiration et la marche conscientes, afin de stimuler la graine de la Pleine Conscience et de générer son énergie.

La Pleine Conscience n'est pas là pour réprimer. Elle est là pour accueillir, pour reconnaître : « Bonjour, ma petite colère. Je sais que tu es là, ma vieille amie. » La Pleine Conscience est l'énergie qui nous aide à comprendre ce qui est là. Être pleinement conscient, c'est toujours être conscient de quelque chose : son inspiration, ou son expiration, et il s'agit alors de la Pleine Conscience de la respiration. On peut être conscient du thé que l'on avale, et il s'agit alors de la Pleine Conscience du boire. Quand vous vous alimentez en Pleine Conscience, il s'agit de la Pleine Conscience du manger. Quand vous marchez en Pleine Conscience, il s'agit de la Pleine Conscience de la marche.

Dans le cas qui nous intéresse, nous pratiquons la Pleine Conscience de la colère. « J'ai conscience d'être en colère, et je sais qu'elle est en moi. » Ainsi, la Pleine Conscience touche, reconnaît, accueille la colère, puis en prend soin. Elle ne cherche ni à la combattre, ni à la faire disparaître. Son rôle est semblable à celui d'une mère qui prend dans ses bras son enfant souffrant pour l'apaiser. La colère est en vous ; elle est votre bébé, votre enfant. Vous devez prendre grand soin de lui. Quand elle la reconnaît, la Pleine Conscience dit : « Bonjour ma colère. Je sais que tu es là. Je prendrai bien soin de toi, ne t'inquiète pas. » Dès que la Pleine Conscience est là, vous êtes en sécurité, vous pouvez sourire, parce que l'énergie du Bouddha est née en vous.

La colère pourrait vous tuer. Sans Pleine Conscience, vous pourriez en être victime. Elle pourrait vous faire vomir du sang. Bon nombre de gens meurent à cause de cet affect, car il entraîne un choc dans tout l'organisme, une terrible pression, une grande souffrance à l'intérieur de l'être. Quand le Bouddha est présent, quand l'énergie de la Pleine Conscience est là, vous êtes protégé. Elle vous aide à rester maître de votre vie. Quand le grand frère est là, son cadet est en sécurité. Il en va de même pour la mère et l'enfant.

Grâce à la pratique, la mère en vous – ou le grand frère – saura de mieux en mieux maîtriser la colère.

Pour ce faire, il faut en permanence générer l'énergie de la Pleine Conscience en pratiquant régulièrement la respiration et la marche conscientes. Sans cela, rien ne pourra vous apaiser, pas même le fait de cogner de toutes vos forces sur un oreiller. Taper sur un coussin n'est pas une pratique intelligente. Cela ne vous aide pas à vous identifier avec votre émotion ou à découvrir sa nature. Pourquoi ce besoin de cogner ? Parce que vous refusez l'évidence : il ne s'agit que d'un objet, pas d'un ennemi. En agissant de la sorte, vous faites complètement fausse route.

Être en communion avec quelque chose, c'est connaître sa véritable nature. Être en communion avec une personne, c'est la connaître réellement. Si la Pleine Conscience est absente, communier avec une chose ou un être devient impossible. Sans la Pleine Conscience, on devient une victime parce que l'exaspération incite à commettre des actes dangereux.

Vous êtes l'objet de votre colère

Savez-vous qui vous êtes ? Vous êtes l'autre. Quand vous vous emportez contre votre fils, vous êtes en colère contre vous-même. Vous vous méprenez si vous croyez que votre fils n'est pas vous. Il est vous. Sur les plans génétique et physiologique, il est votre perpétuation. C'est la seule vérité. Qui est votre mère ? Elle est vous. Vous êtes son descendant, sa perpétuation. Elle vous relie à tous vos ancêtres, et vous la reliez à toutes les générations futures. Vous appartenez au même courant de vie. Croire que sa mère est une entité distincte, croire que l'on pourrait n'avoir aucun lien avec elle, est pure ignorance. Un jeune homme qui dit : « Je ne veux plus rien avoir à faire avec mon père » manifeste sa profonde ignorance, parce qu'il n'est rien d'autre que son père.

Supposons que vous soyez une mère. Quand vous portiez votre enfant dans votre sein, vous saviez parfaitement qu'il était une partie de vous-même. Vous mangiez pour votre bébé, vous buviez pour lui, vous en preniez soin. Vous étiez extrêmement attentive parce que vous saviez que vous n'étiez pas séparés. Cependant, lorsqu'il a atteint l'âge de treize ou quatorze ans, vous avez peu à peu perdu cette conviction. Votre enfant et vous éprouvez à présent un sentiment de séparation. Vous ne savez pas comment améliorer cette relation, comment faire la paix après un conflit. Petit à petit, le fossé qui vous sépare se creuse de plus en plus. La relation devient très difficile et profondément conflictuelle.

La vision profonde brise la colère

Vous avez le sentiment que votre enfant est une entité séparée, mais en examinant la situation de plus près, vous réalisez que vous formez avec lui une seule entité. Dans ces conditions, le fait de résoudre le conflit, de rétablir la paix entre vous deux, revient à le faire en vous-même, dans votre propre corps. Votre nature et celle de votre enfant sont identiques, vous appartenez à la même réalité.

Il y a de nombreuses années de cela, à Londres, je suis entré dans une librairie et suis tombé sur un livre intitulé *Ma mère, moi-même*. C'est un titre intelligent. Vous pouvez écrire un autre livre, « Ma fille, moi-même », ou « Mon fils, moi-même », ou encore, « Mon père, moi-même ». C'est pure vérité. Quand vous êtes en colère contre votre fils, vous l'êtes contre vous-même. Quand vous punissez votre fils, vous vous sanctionnez vous-même. Quand vous infligez des souffrances à votre père, vous vous blessez vous-même. Nous comprenons cela quand nous découvrons la nature du non-moi, que le moi est constitué d'éléments non-moi – le père, la mère, les ancêtres, le soleil, l'air, la terre, etc.

En découvrant cette réalité vous comprenez que le bonheur et la souffrance ne peuvent pas être des questions individuelles. Votre peine est celle des personnes chères à votre cœur. Leur bonheur est le vôtre. Sachant cela, vous n'aurez plus le désir de punir ou d'accuser. Vous vous comporterez de manière beaucoup plus sage. Cette intelligence, cette sagesse sont le fruit de la contemplation, du regard profond. Le fait de lire votre sutra du cœur vous aide à vous rappeler que votre enfant est vous, que la personne aimée est vous.

Nous lisons un sutra pour nous immerger dans la vérité, dans la compréhension du non-moi. Le sutra du cœur que vous devriez écrire est le fruit de votre propre intuition, selon laquelle vous et l'autre personne ne font qu'un. Chaque fois que vous êtes en colère, que vous croyez à tort être un moi séparé, le fait de lire ce sutra vous aidera à revenir en vous-même. Avec la vision profonde, le Bouddha est présent, et vous êtes en sécurité. Votre souffrance n'a plus de raison d'être.

Il faut constamment garder à l'esprit que, s'il existe de nombreux moyens d'apaiser sa colère, le soulagement le plus profond naît de la prise de conscience du non-moi – ce n'est pas une philosophie abstraite, c'est une réalité que vous pouvez toucher en vivant en Pleine Conscience. La vision profonde du non-moi rétablit la paix entre vous et l'autre personne. Vous la méritez autant que le bonheur. C'est la raison pour laquelle vous devez aller vers l'autre personne et concevoir avec elle une stratégie de vie commune.

En outre, il vous faut imaginer pour vous-même un mode de vie qui vous apportera paix et harmonie. Vous devez signer un traité de paix avec vous-même, parce que vous êtes très souvent déchiré par des conflits intérieurs. Vous êtes en guerre parce que vous manquez de sagesse, de vision profonde. La compréhension vous permettra de rétablir la paix et l'harmonie dans vos relations avec autrui. Vous saurez comment agir et réagir avec intelligence, afin de ne plus jamais vous trouver dans une zone de conflit. Si la paix et l'harmonie règnent en vous, l'autre personne s'en rendra compte, vos relations redeviendront harmonieuses et paisibles. Vous deviendrez un être beaucoup plus agréable, beaucoup plus facile à vivre, et cela aidera énormément l'autre.

Ainsi, pour aider votre fils, faites la paix avec vous-même. Regardez profondément en vous-même. Si vous souhaitez aider votre mère, rétablissez la paix en vous. Découvrez les vérités qui vous permettront de l'aider. S'aider soi-même est la condition première pour porter secours à l'autre. Débarrassez-vous de cette illusion qu'on appelle le « moi ». C'est l'essence de la pratique qui vous libérera, vous et l'autre personne, de la colère et de la souffrance.

7.

Il n'y a pas d'ennemis

Commencez par vous-même

Sans communication, aucune véritable compréhension n'est possible. Mais vous devez d'abord être en mesure de communiquer avec vous-même. Si vous en êtes incapable, comment pouvez-vous espérer communiquer avec l'autre personne ? Il en est de même pour l'amour. Si l'on ne s'apprécie pas soi-même, on ne peut pas aimer quelqu'un d'autre. Si vous ne pouvez pas vous accepter vous-même, si vous ne pouvez pas vous traiter vous-même avec gentillesse, vous ne pourrez pas le faire pour l'autre.

Sans vous en rendre compte, vous vous comportez très souvent comme votre père. Vous pensez pourtant que vous êtes à son opposé. Vous ne l'acceptez pas, vous le haïssez. Si vous ne l'acceptez pas, c'est que vous ne vous acceptez pas vous-même. Votre père est en vous ; vous êtes sa perpétuation. Dans ces conditions, si vous êtes capable de communiquer avec vous-même, vous pouvez aussi le faire avec votre père.

Le moi étant constitué d'éléments non-moi, la compréhension de soi doit être notre pratique. Notre père est un élément non-moi. Nous pensons qu'il n'est pas nous, mais sans lui, nous ne pourrions pas exister. C'est la raison pour laquelle il est pleinement présent dans notre corps et dans notre esprit. Il est nous. Ainsi, si vous vous comprenez vous-même, ainsi que votre être tout entier, vous comprendrez que vous êtes votre père, qu'il n'est pas extérieur à vous.

Il existe beaucoup d'autres éléments non-moi que vous pouvez atteindre et reconnaître au sein de votre être : vos ancêtres, la terre, le soleil, l'eau, l'air, les aliments que vous consommez, et bien d'autres choses encore. Vous pourriez penser que ces éléments sont séparés de vous, mais sans eux, vous ne pourriez pas vivre.

Imaginons que deux États en guerre souhaitent négocier, mais qu'ils ne se connaissent pas bien eux-mêmes. Il faut vraiment bien se connaître, connaître son pays, son camp, sa situation, pour être en mesure de comprendre le camp de l'autre, sa nation, son peuple. Soi et autrui ne sont pas des entités séparées, parce que la souffrance, l'espoir et la colère des deux camps sont presque identiques.

Lorsque vous êtes irrité, vous souffrez. Dès lors que vous avez assimilé cette réalité, vous pouvez comprendre qu'il en est de même pour l'autre personne. Ainsi, chaque fois que l'on vous insulte ou vous agresse violemment, vous devez faire preuve d'intelligence pour comprendre que l'agresseur pâtit de sa propre violence et de sa propre exaspération. Mais nous avons tendance à l'oublier. Nous pensons que nous sommes les seuls à souffrir et que l'autre est notre oppresseur. Cela suffit à susciter notre fureur et à renforcer notre désir de punir. Nous voulons réprimer l'autre parce que nous souffrons. Alors, nous nous emportons, nous devenons violents, tout comme l'autre. Quand nous comprendrons que notre peine et notre exaspération ne sont pas différentes des siennes, nous nous comporterons avec davantage de compassion. Ainsi, comprendre l'autre, c'est se comprendre soi-même, et vice versa. Nous devons donc commencer par nous comprendre nous-mêmes.

Pour ce faire, nous devons apprendre et pratiquer la voie de la non-dualité. Évitons de combattre notre colère, parce que cette émotion, qui est une partie de nous-mêmes, est d'une nature organique, comme l'amour. Nous devons en prendre grand soin. Comme il s'agit d'une entité et d'un phénomène organiques, il est possible de le transformer en une autre entité organique. Les déchets peuvent être transformés en engrais, puis en laitues ou en concombres. C'est la raison pour laquelle vous ne devez ni mépriser, ni réprimer votre colère. Apprenez à en prendre tendrement soin et à la transformer en une autre énergie, celle de la compréhension et de la compassion.

La compassion est intelligente

La compréhension et la compassion sont des sources d'énergie très puissantes. Elles s'opposent à la stupidité et à la passivité. Si vous pensez que la compassion est synonyme d'inertie, de faiblesse, ou même de lâcheté, c'est que vous ne savez pas ce que sont la compréhension et la compassion authentiques. Si vous pensez que les êtres compatissants ne luttent pas contre l'injustice, vous vous trompez. Ce sont en réalité des guerriers, des héros et des héroïnes qui ont remporté de nombreuses victoires. Pour agir comme eux, dans la non-violence, en se fondant sur la non-dualité, il faut être très fort. On n'agit plus sous l'emprise de la colère, pour punir ou pour accuser. La compassion se développe constamment en soi, et l'on peut remporter le combat contre l'injustice. Le Mahatma Gandhi était un être humain, et rien d'autre. Il ne disposait pas de bombes, de canons ou d'un parti politique. Il agissait simplement en se fondant sur sa vision profonde de la non-dualité, sur la force de la compassion, et non sous l'emprise de ses émotions.

Les êtres humains ne sont pas nos ennemis. Nos ennemis, ce sont la violence, l'ignorance et l'injustice présentes en nous et chez l'autre. Avec ces armes que sont la compassion et la compréhension, nous ne luttons pas contre d'autres êtres humains, mais contre la tendance à dominer et à exploiter. Nous ne voulons tuer personne, mais nous ne laisserons personne dominer ou exploiter qui que ce soit. Vous n'êtes pas stupide. Vous êtes très intelligent, et vous avez une vision profonde. Faire preuve de compassion, ce n'est pas laisser les autres exercer leur violence, sur eux-mêmes ou sur autrui. Être compatissant est une preuve d'intelligence, puisqu'il s'agit d'un acte non-violent qui naît de l'amour.

Pour atteindre cet état, inutile de souffrir inutilement, ou de perdre son sens commun. Imaginez que vous dirigiez un groupe de marche méditative. Celle-ci génère beaucoup d'énergie. Elle imprègne chacun d'un sentiment de calme, de solidité et de paix. Votre groupe se déplace lentement et avec grâce, quand soudain, il se met à pleuvoir. Allez-vous continuer à marcher lentement, condamnant ainsi le groupe à être trempé jusqu'aux os ? Ce serait idiot. Si vous êtes un bon guide, vous transformerez cet exercice en jogging méditatif. Vous maintiendrez l'esprit joyeux de la marche, en souriant et en riant, et prouverez ainsi que la pratique n'est pas stupide. La course ne sera pas un obstacle à la Pleine Conscience. Il s'agit de pratiquer de manière intelligente. La méditation n'est pas un acte irraisonné. Elle ne consiste pas à suivre aveuglément ce que fait son voisin. Pour méditer, il faut être habile et faire bon usage de son esprit.

Mettre sur pied une force de police compatissante

Être bon ne signifie pas être passif. Être compatissant n'implique pas de laisser l'autre vous marcher sur les pieds, de le laisser vous détruire. Vous devez vous protéger, vous et les autres. S'il est nécessaire d'emprisonner quelqu'un parce qu'il est dangereux, eh bien, faites-le. Mais vous devez le faire avec compassion, dans le seul but d'empêcher cet individu de poursuivre ses agissements destructeurs et de continuer à alimenter sa colère.

Nul besoin d'être un moine pour être compatissant. Un policier, un juge ou un gardien de prison peuvent l'être. Mais si vous exercez l'une de ces professions, vous devez être en même temps un bodhisattva, un être de grande compassion. Même si vous devez vous montrer très ferme en certaines occasions, n'oubliez jamais de maintenir vivante la compassion en vous.

Si vous pratiquez l'art de vivre en Pleine Conscience, vous devez aider le policier à agir sous l'influence de la compassion et de la non-peur. De nos jours, les forces de l'ordre sont submergées par la crainte, l'exaspération et le stress, parce qu'elles ont subi de nombreuses agressions. Ceux qui haïssent et insultent ces hommes ne comprennent pas ce qu'ils vivent. Lorsqu'ils partent, le matin, ils ne sont jamais sûrs de rentrer vivants le soir. Ils souffrent énormément, et leurs familles aussi. Les policiers n'éprouvent aucun plaisir à frapper les gens, ni à tirer sur eux. Mais comme ils ne savent pas maîtriser la peur, la souffrance et la violence qui les habitent, ils peuvent aussi devenir des victimes de la société, comme n'importe qui d'autre. L'officier de police qui comprend vraiment l'état d'esprit et les sentiments de ses subalternes cultive la compassion et la compréhension dans son cœur. Il est ainsi en mesure de les aider à accomplir chaque jour la dure tâche de maintenir la paix dans les villes.

En France, les policiers sont appelés « gardiens de la paix ». Mais, s'ils n'ont pas la paix en eux, comment pourraient-ils la maintenir en ville ? Ils doivent d'abord trouver la paix intérieure, qui implique la non-peur, l'intelligence et la vision profonde. Les policiers apprennent bien un certain nombre de techniques pour se protéger, mais l'autodéfense ne suffit pas. Il faut aussi être intelligent. Il faut agir sous l'influence de la non-peur. Si leur peur est trop grande, ils feront beaucoup d'erreurs. Ils seront tentés d'utiliser leur arme et tueront beaucoup d'innocents.

On ne peut pas prendre parti

À Los Angeles, quatre policiers ont battu à mort, ou peu s'en est fallu, un automobiliste noir. La presse du monde entier en a parlé, et chacun a choisi son camp. Peut-être avez-vous pris le parti de la victime, ou bien celui des agresseurs. Quand vous jugez et prenez parti, vous vous comportez comme si vous étiez extérieur au conflit, comme si vous n'étiez pas l'automobiliste noir, ou les quatre policiers. Mais, avec la vision profonde, vous vous rendez compte que vous êtes à la fois la victime du passage à tabac et les quatre hommes responsables de cet acte. La colère, la peur, la frustration et la violence habitaient aussi bien la personne rouée de coups que ceux qui l'ont battue. Tout comme elles nous possèdent aussi.

Pour comprendre ces policiers et les aider à moins souffrir, imaginons que vous soyez la femme d'un officier de police. Comme vous partagez son existence, vous savez fort bien à quel point la vie de votre conjoint est difficile. C'est la raison pour laquelle, chaque matin et chaque soir, vous devez faire quelque chose pour l'aider à transformer sa colère, sa peur et sa frustration. Si vous êtes capable de l'aider à moins souffrir, alors la ville tout entière en profitera – y compris les jeunes délinquants. C'est le meilleur moyen de servir la communauté. Grâce à l'intelligence, à la vision profonde et à la compassion, vous pouvez contribuer à éviter bon nombre d'incidents dramatiques.

Un dialogue pour mettre fin à la colère et à la violence

L'image d'un officier de police très violent, plein de préjugés et habité par la peur n'est pas une image positive. Très nombreux sont les jeunes qui considèrent les policiers comme des ennemis. Ils brûlent des cars et tabassent des policiers parce que ceux-ci sont l'objet de leur fureur, de leur frustration. Nous devons organiser une rencontre entre les forces de l'ordre et les jeunes qui ont commis des actes de violence et qui ont été incarcérés. Pourquoi n'organise-t-on pas ce genre de rencontre pour donner aux policiers la possibilité d'exprimer leur frustration, leur exaspération et leur peur ? Et pourquoi ne laisse-t-on pas ces jeunes qui les affrontent exprimer ces mêmes affects ? On pourrait même retransmettre ce dialogue à la télévision afin que le pays tout entier puisse en tirer des enseignements.

Cela constituerait une authentique méditation : analyser les choses en profondeur, non pas au plan individuel, mais au niveau d'une ville, d'un pays. La vérité nous a échappé. Nous avons vu nombre de films policiers, de westerns, mais la vérité qui se trouve dans le cœur et l'esprit des personnes réelles nous échappe. Nous devrions organiser ce genre de dialogue afin que la vérité puisse être montrée à toute la population.

Retourner l'arme contre soi

« Mon Dieu, pardonnez-leur, car ils ne savent pas ce qu'ils font ! » a dit le Christ. Quand un individu se rend coupable d'un crime et fait souffrir autrui, c'est parce qu'il ne mesure pas son acte. De nombreux jeunes commettent des crimes, mais ils ne comprennent pas que cette violence a de terribles conséquences. Chaque acte de ce type est tout autant dirigé contre autrui que contre eux-mêmes. Ils ont sans doute l'impression d'apaiser leur fureur en agissant ainsi, mais celle-ci ne fera que se développer.

Quand vous larguez des bombes sur votre ennemi, vous les larguez en même temps sur vous-même, sur votre propre pays. Durant la guerre du Viêt-nam, le peuple américain a souffert tout autant que le peuple vietnamien. Les blessures de la guerre sont aussi profondes aux États-Unis qu'au Viêt-nam. Donner un coup d'arrêt à la violence est notre devoir. Toutefois, nous ne pourrons y parvenir que si nous comprenons que ce que nous faisons à l'autre personne, nous le faisons à nous-mêmes. Le maître doit expliquer à ses étudiants que leur violence se retournera contre eux. Mais cela n'est pas suffisant et les maîtres doivent se montrer plus créatifs que cela. Évitons tout dogmatisme quand nous exposons notre vision des choses. Faisons preuve de souplesse et d'intelligence en utilisant des « moyens habiles ». Ceux-ci sont extrêmement importants. Un Grand Être doit être habile quand il pratique et quand il vient en aide aux autres.

Arrêter les guerres avant qu'elles ne se déclenchent

La plupart d'entre nous ne s'engagent dans le combat contre la guerre qu'après le déclenchement des hostilités. Rares sont ceux qui savent que les racines du conflit se trouvent partout, y compris dans notre propre pensée et dans notre mode de vie. Nous ne sommes pas capables de voir la guerre lorsqu'elle est encore en devenir. Nous ne commençons à nous y intéresser que lorsqu'elle éclate et que les gens se mettent à en parler. Alors, nous nous sentons submergés par l'intensité de l'événement. Nous nous sentons impuissants. Nous choisissons notre parti en affirmant que l'un est dans son droit et que l'autre a tort. En condamnant un camp, nous ne faisons rien pour mettre fin au conflit.

Un praticien authentique doit s'efforcer d'examiner en profondeur la situation pour découvrir le danger de guerre avant que celle-ci n'éclate. Vous devez commencer à agir pour empêcher le déclenchement des hostilités. Grâce à votre vision profonde et à votre conscience, vous pouvez aider les autres à se réveiller et à développer la même conscience. Ensuite, vous pourrez agir ensemble intelligemment pour prévenir l'affrontement.

Les pays de l'OTAN pensaient que le bombardement de Belgrade – la violence, donc – était la seule solution pour mettre un terme à la discrimination raciale dans l'ex-Yougoslavie. Ils n'étaient pas capables de reconnaître les racines de la guerre et de réagir en conséquence, alors que celles-ci étaient d'ores et déjà apparentes avant le déclenchement du conflit. C'est parce que leur aptitude à la vision profonde et à la méditation est limitée. Ce n'est qu'en cherchant à comprendre en profondeur les racines de la violence que l'on peut parvenir à la paix.

Un bon méditant a généralement une intuition plus profonde que les autres. Si vous êtes dans ce cas, vous n'aurez aucun mal à trouver un meilleur moyen que les bombardements pour lutter contre la discrimination raciale. De nombreuses guerres sont sur le point d'éclater un peu partout sur la planète. Si vous êtes vraiment un militant de la paix, vous devriez le savoir et faire de votre mieux, de concert avec votre communauté, pour empêcher ces conflits de se déclencher, pour prévenir cette extrême violence. Pour mettre fin à des interventions destructrices comme celle qui se déroule actuellement au Kosovo, il faut proposer une alternative. Si vous avez une bonne idée, transmettez-la à votre député ou à votre sénateur et conseillez-leur vivement d'intervenir afin que des mesures plus positives soient prises. Il nous faut apprendre à méditer au niveau de la nation tout entière, et pas seulement au niveau individuel. Ainsi, nous parviendrons au niveau de conscience qui permettra de mettre un terme aux guerres et à la violence.

Vision profonde collective

Un jeune homme est devenu végétarien grâce à la Pleine Conscience, et non par fanatisme ou dogmatisme. Il ne consomme pas la chair des animaux parce que cela lui briserait le cœur. Son père n'appréciait pas du tout ce choix, et c'est pourquoi il n'y avait ni harmonie, ni joie dans ce foyer. Le jeune homme savait qu'il ne pourrait jamais manger de viande, parce que cela le plongerait dans une infinie tristesse. Il ne pouvait pas changer de régime alimentaire uniquement pour faire plaisir à son père, mais il ne voulait pas non plus que cette atmosphère exécrable se perpétue. Il refusa d'accepter passivement la situation et fit appel à son intelligence.

Un jour, il rentra à la maison avec une bande vidéo et dit : « Papa, j'ai là un merveilleux film documentaire. » Il montra alors à toute sa famille un film sur l'abattage des animaux. Son père éprouva une telle peine en découvrant ces images terribles qu'il cessa de consommer de la viande. La prise de conscience avait été immédiate. Il ne s'agissait pas d'un concept. Au lieu de se laisser submerger par la colère et la souffrance, le jeune homme avait fait appel à la tendresse, à la sagesse et à l'intelligence. Il put ainsi convaincre tous les membres de sa famille de renoncer à la chair animale, renforçant de ce fait le sentiment de compassion de chacun. Sa méthode est à la fois très habile et empreinte d'un profond amour. Grâce à une action intelligente, vous pouvez remporter de très grandes victoires.

En tant qu'individu, vous avez peut-être une certaine intuition, et celle-ci donne naissance à la compassion et au désir d'agir. Toutefois, vous ne pourrez guère faire plus. Vous devez faire votre possible pour que votre prise de conscience individuelle devienne collective. Bien entendu, vous ne pouvez pas forcer les autres à penser comme vous. Vous pourriez peut-être les pousser à accepter votre idée, mais il ne s'agit que d'une idée, et non d'une véritable prise de conscience. La vision profonde n'est pas une idée. Le meilleur moyen de faire connaître votre vision profonde consiste à favoriser les conditions qui permettront aux autres de parvenir à cette même prise de conscience – à travers leur propre expérience, et non en prenant pour argent comptant ce que vous dites. Cela demande habileté et patience.

Favoriser la renaissance de l'amour

Au village des Pruniers, il y a une sœur encore très jeune, car elle n'a que vingt-deux ans. Malgré son jeune âge, elle a contribué à la réconciliation d'une femme et de sa fille qui s'étaient juré de ne plus jamais se revoir. En l'espace de trois heures, elle réussit à aider cette mère et sa fille à résoudre leur conflit. Finalement, toutes deux se mirent à pratiquer la méditation de l'étreinte. Dans les bras l'une de l'autre, elles respirèrent profondément plusieurs fois en disant : « En inspirant, je suis consciente d'être en vie ; en expirant je suis consciente que l'être que j'aime est toujours vivant, là dans mes bras. » Elles pratiquaient pour être pleinement conscientes de ce cadeau qu'est la présence de l'autre, et elles étaient en communion profonde avec le moment présent, en mettant toute leur énergie dans cette étreinte. Ce fut très curatif. Elles réalisèrent ainsi qu'elles s'aimaient profondément, à un point qu'elles ignoraient parce qu'elles n'avaient pas fait preuve d'habileté dans leur relation, dans leur façon de s'exprimer et d'écouter.

Le fait que la colère ou la haine soit présente ne signifie pas que la capacité d'aimer et d'accepter soit absente. Si vous êtes un bon méditant et un bon militant de la paix, vous pouvez favoriser le retour de l'amour et de la compréhension en vous et chez l'autre. Je vous en prie, ne croyez pas que l'amour soit absent de votre être. Ce n'est pas vrai ; il est toujours présent en vous. Comme le soleil. Il est toujours présent, même par temps de pluie, juste au-dessus des nuages. Si vous allez au-dessus, vous serez inondé de soleil. Si vous croyez qu'il n'y a pas d'amour en vous, qu'il n'y a que de la haine chez l'autre, eh bien vous vous trompez. Si l'autre mourait aujourd'hui, vous pleureriez toutes les larmes de votre corps et donneriez tout ce que vous possédez pour qu'elle revienne à la vie. C'est la preuve que l'amour est présent. Il faut donner à l'amour la possibilité de se manifester tant que l'autre est encore en vie. Pour favoriser le retour de l'amour, il faut savoir maîtriser sa colère, toujours associée à la confusion et à l'ignorance.

Dépasser les jugements

Imaginez que vous ayez une petite élève de cinq ans. Vous avez découvert que sa mère est agressive et qu'elle fait souffrir sa fille. Que pouvez-vous faire ? Beaucoup. L'enfant vous écoutera, et vous pourrez l'aider à comprendre sa mère, à verbaliser les difficultés qu'elle a avec elle, même si elle n'a que cinq ans. Vous pouvez jouer le rôle d'une mère attentionnée. Vous pouvez lui dire qu'il vous est possible à tous deux d'aider sa mère. Vous pouvez lui apprendre à agir et à réagir lors de ses accès de colère et de violence, afin d'éviter que la situation n'empire. Il est très important d'aider cette petite fille, parce que si un changement se produit en elle, cela aura des effets positifs sur sa mère.

Comme vous êtes le maître ou la maîtresse de cette petite fille, vous pouvez aisément rencontrer sa mère. Avec un peu de compassion et d'inspiration, vous pourrez l'aider. Sinon, vous ne ferez que la juger en décrétant qu'elle a tort et que sa fille a raison. Vous êtes bien sûr opposé au comportement agressif de cette mère, aux violences qu'elle inflige à sa fille, mais si vous vous contentez d'exprimer votre désapprobation, vous n'obtiendrez aucun résultat. Vous devez faire autre chose. Vous devez agir sous l'influence de la compassion et de la vision profonde, non seulement pour l'enfant maltraité, mais aussi pour sa mère et son père. Si vous n'aidez pas les parents, vous ne pourrez pas aider l'enfant. Vous pourriez le considérer comme la victime, comme le seul qui ait besoin d'aide. Mais si vous voulez vraiment l'aider, vous devez aider ses parents – que vous considériez jusque-là comme des ennemis. Si vous ne le faites pas, vous ne pourrez pas secourir l'enfant. Aider les parents, c'est aider l'enfant.

Les parents sont profondément ignorants, leur cœur est rempli de violence et de fureur, et c'est la raison pour laquelle leur enfant souffre. Vous devez donc éprouver de la compassion pour eux et vous efforcer de découvrir les racines de leur malheur. Il faut que nos éducateurs comprennent cela et nous aident à prendre soin des parents pour que nous puissions prendre soin des enfants.

Servir son pays

Le gouvernement français entreprend de grands efforts pour tenter de résoudre le problème de la délinquance juvénile. Cette politique est fondée sur une compréhension réelle du phénomène. Il a compris que la violence et la souffrance de ces jeunes sont générées par la société. Pour trouver la bonne solution, il faut écouter à la manière d'un médecin. Nous devons ausculter le corps de la société, pour comprendre les raisons de ces excès. Ce faisant, nous découvrirons que les racines de leur agressivité se trouvent dans la famille, dans la façon de vivre des parents. Les racines de la violence familiale se trouvent, quant à elles, dans le mode d'organisation et de consommation de la société.

Le gouvernement est composé d'êtres humains – de pères, de mères, de fils et de filles – qui, eux aussi, portent en eux la violence de leurs familles. Dans ces conditions, si le Premier ministre de la France ne pratique pas la vision profonde et ne prend pas conscience de la colère, de la violence, de la dépression et de la souffrance qui l'habitent, il ne pourra pas comprendre les sentiments extrêmes qui affectent la jeune génération. Il faut également qu'il comprenne ses proches alliés – les ministres de la Jeunesse, de l'Éducation, etc. – et se rende compte de leur souffrance. Les membres du gouvernement – qui sont aussi des citoyens – doivent agir, certes, mais sur quelle base ? Celle de la compréhension.

S'ils parviennent – grâce à la pratique de la vision profonde – à découvrir les racines de la colère et de la violence dans la société, ils éprouveront alors une grande compassion pour les jeunes. Ils réaliseront que les mesures répressives – emprisonnement, etc. – ne résoudront pas les problèmes. C'est précisément ce qu'a dit Lionel Jospin. C'est la raison pour laquelle on peut dire que M. Jospin et son gouvernement ont une vision assez juste de la situation. Quoi qu'il en soit, en tant que citoyens, nous devons, nous aussi, apporter notre contribution, et tâcher d'approfondir ce genre de prise de conscience. Que l'on soit éducateur, parent, artiste ou écrivain, il faut veiller à être suffisamment conscient pour être en mesure d'apporter son aide au gouvernement.

Vous devez pratiquer, même si vous n'êtes pas du même bord politique que le parti au pouvoir. En l'aidant, vous aidez le pays, non pas un parti politique. L'actuel Premier ministre de la France s'efforce d'améliorer la situation de la jeunesse. Dans ces conditions, la meilleure façon de servir votre pays consiste à lui offrir votre aide et votre vision profonde. Cela ne signifie pas que vous trahissiez vos proches ou votre parti. La raison d'être de votre parti est de servir votre pays, et non de compliquer la tâche des autres partis. Les hommes politiques devraient donc pratiquer la non-dualité et comprendre que la compassion se situe au-delà de toute appartenance politique. Il s'agit d'une politique intelligente, et non partisane. Il est des politiques qui sont humaines, dont le but est le bien-être et la transformation de la société, et pas uniquement le pouvoir.

8.

David et Angelina : l'énergie d'habitude de la colère

Voici l'histoire d'un jeune homme prénommé David, très beau et très intelligent, né dans une famille riche, qui avait tout pour réussir. Mais il n'aimait pas la vie. Il était incapable d'être heureux. Il avait beaucoup de problèmes avec ses parents, avec ses frères et sa sœur. Il ne savait pas communiquer. C'était un être très égoïste et il accusait son père, sa mère, sa sœur et ses frères d'être responsables de son malheur. Il souffrait beaucoup, mais sa douleur n'était pas due à l'hostilité des autres. Elle était le fruit de son incapacité d'aimer et de comprendre autrui. Il pouvait nouer des relations amicales pendant quelques jours, mais ses nouvelles connaissances l'abandonnaient bientôt parce qu'il était invivable. Il était très arrogant, égocentrique et dénué de compréhension et de compassion.

Un jour, il se rendit dans un temple bouddhiste, non pour écouter un discours sur le Dharma – c'était le dernier de ses soucis – mais dans l'espoir de faire de nouvelles rencontres, car il se sentait désespérément seul. Jusque-là, personne n'avait pu rester son ami. Il était riche, beau et bon nombre de gens auraient aimé faire sa connaissance. Mais chacun le fuyait comme la peste après une courte période.

Ainsi, il se rendait ce matin-là au temple parce qu'une vie sans relations affectives était un enfer. Il désirait ardemment trouver un ami, ou une compagne, même s'il était incapable de poursuivre une relation dans le temps, qu'elle soit amicale ou amoureuse. Quand il arriva au temple, il croisa un groupe de gens qui en sortaient et, parmi ceux-ci, se trouvait une très belle jeune femme dont la vue le troubla profondément. Il eut le coup de foudre. Il n'avait plus envie d'entrer dans le temple et fit demi-tour pour la suivre. Malheureusement, un autre groupe de personnes pénétrait à ce moment-là dans le temple, et David eut beaucoup de mal à s'extirper de la foule. Quand il parvint à en sortir, la jeune femme avait disparu.

Il la chercha partout pendant une heure mais ne put la trouver. Il rentra alors chez lui, le cœur rempli de cette image magnifique. Cette nuit-là, comme la suivante, il ne put trouver le sommeil. La troisième nuit, il vit en rêve un magnifique vieillard portant une barbe blanche qui lui dit : « Si tu veux la rencontrer, va aujourd'hui au marché oriental. » Il faisait encore nuit, mais il n'avait pas envie de se rendormir. Il se leva et attendit jusqu'à midi avant de se lancer à la recherche de la femme.

Quand il arriva au marché, il y avait peu de monde. Il était encore trop tôt, aussi il entra dans une librairie et se mit à regarder autour de lui. Soudain, en levant la tête, il aperçut un tableau accroché au mur représentant une très belle jeune femme. C'était le portrait de celle qu'il avait croisée trois jours auparavant au temple. Les mêmes yeux, le même nez, la même bouche. Dans son rêve, le vieil homme lui avait dit qu'il la rencontrerait au marché. Peut-être faisait-il allusion à ce portrait, et à rien d'autre. « Peut-être que je ne mérite qu'une image, et non une personne réelle », se dit-il. Aussi, au lieu d'acheter des livres, il dépensa tout son argent pour acheter ce tableau. Il l'emporta avec lui et l'accrocha sur le mur de sa chambre à l'université.

C'était un solitaire. Il n'avait pas d'amis. La plupart du temps, il évitait de se rendre à la cafétéria du campus. Il préférait rester dans sa chambre et manger des plats instantanés. Ce jour-là, il prépara deux bols de nouilles, et deux paires de baguettes chinoises. Vous l'avez sans doute compris, David est asiatique. Le second bol était pour la femme du tableau. Il savourait ses nouilles et, de temps à autre, levait la tête et l'invitait à venir partager son repas.

Certains, incapables de communiquer avec d'autres êtres humains, choisissent un chat ou un chien pour leur tenir compagnie. Ils en prennent soin et peuvent ainsi déverser sur eux leur trop-plein d'affection. Ils leur achètent les aliments les plus chers. Il leur est beaucoup plus facile d'aimer un chat ou un chien qu'un être humain, parce que les animaux ne sont jamais source de conflit. Ils ne réagissent même pas si on leur dit quelque chose de méchant. David faisait partie de cette catégorie de gens. Il pouvait vivre en paix avec la femme du portrait, mais si elle avait été présente en chair et en os, il aurait sans doute été incapable de la supporter plus de vingt-quatre heures.

Un jour, il ne put finir son bol. La vie lui semblait

dépourvue de toute saveur. Il en avait plus qu'assez. À ce moment-là, il leva les yeux sur le tableau. Il s'apprêtait à dire « De toute façon, la vie n'a aucun sens », quand il vit la jeune femme ciller en lui souriant. Il en fut abasourdi. Il crut qu'il s'agissait d'un rêve. Il se frotta les yeux et regarda de nouveau le portrait. Elle était toujours là, parfaitement immobile. Quelques jours plus tard, il vit à nouveau la jeune femme faire la même chose. Il en fut très surpris. Il continua à la regarder et, brusquement, elle devint une personne réelle et sortit du tableau. Elle s'appelait Angelina, parce qu'elle venait du ciel. Vous ne pouvez pas imaginer à quel point David était heureux. Il était au paradis. Être l'ami d'une jeune fille aussi belle, que pouvait-on rêver de plus merveilleux ?

Mais vous avez sans doute deviné la fin de l'histoire. Le jeune homme était incapable d'être heureux, pas même avec une personne aussi délicieuse et gentille qu'Angelina, et trois ou quatre mois plus tard, elle le quitta. Il était impossible de vivre avec une personne comme David. Un matin, il se réveilla et trouva un mot sur son bureau : « David, il est impossible de vivre avec toi. Tu es trop égoïste, tu es incapable d'écouter qui que ce soit. Tu es intelligent, beau et riche, mais tu es incapable d'entretenir une relation durable avec un autre être humain. » Ce matin-là, David voulut mettre fin à ses jours. Il se dit que s'il n'était même pas capable de vivre avec une compagne aussi douce et aussi belle, c'est qu'il ne valait rien. Il se mit à chercher un bout de corde pour se pendre.

En France, chaque année, douze mille personnes se suicident, soit environ trente-trois chaque jour. C'est beaucoup trop. David est lui aussi suicidaire, et il attend que vous veniez à son secours. Aux États-Unis et en Europe, les taux de suicide sont très similaires. Les gens sont en proie au désespoir. Pour bon nombre d'entre nous, la communication est devenue impossible et la vie n'a plus de sens.

Offrir l'encens du cœur

Alors qu'il était en train de faire un nœud à sa corde, David se souvint brusquement qu'un jour Angelina lui avait souri et dit : « David, si un jour je ne suis plus à ton côté et que je te manque énormément, brûle simplement un peu d'encens. » Ce jour-là, elle avait réussi à le convaincre de venir avec elle au temple pour écouter un discours sur le Dharma. Le moine avait expliqué que l'offrande de l'encens était une façon de communiquer, avec le Bouddha, avec les bodhisattvas, avec ses ancêtres. Si nous pouvons communiquer avec nos ancêtres, nous pouvons aussi le faire avec nos frères et nos sœurs autour de nous. Le moine déclara que l'encens que nous offrons doit être l'encens du cœur : celui de la Pleine Conscience, de la concentration, de la sagesse et de la vision profonde. David était assis près d'Angelina, mais il n'était pas très attentif. Toutefois, il n'oublia pas cet événement. Quand ils eurent quitté le temple, Angelina se tourna vers lui et lui dit : « David, si un jour tu souhaites entrer en contact avec moi, offre un peu d'encens. »

En se souvenant de ces mots, il lâcha la corde, courut jusqu'au magasin du coin et acheta un paquet d'encens. Mais il ne savait pas comment le brûler. Au village des Pruniers, quand nous en offrons, nous n'utilisons qu'un bâton. David, lui, fit brûler tout le paquet et, en quelques minutes, sa chambre fut remplie de fumée. Il attendit quinze minutes, une demi-heure, une heure, mais Angelina n'apparut pas. C'est alors qu'il se souvint de ce qu'avait dit le moine – « Pour qu'une véritable communication soit possible, vous devez offrir l'encens du cœur, c'est-à-dire celui de la Pleine Conscience, de la concentration et de la vision profonde. » Le brûler autrement serait inefficace.

David s'assit et réfléchit profondément à sa situation. Il vit que sa relation avec ses parents, avec ses frères et sœurs, avec ses amis, avec la société et même avec Angelina avait été un échec. Il eut peu à peu conscience d'avoir toujours imputé à autrui la responsabilité de son malheur. C'était la première fois qu'il réussissait à rester concentré quelques instants et il commença à voir plus clair. Pour la première fois de sa vie, il découvrait qu'il avait été injuste avec ses parents et que c'était en partie de sa faute si la communication avait été impossible. Il avait accusé tout le monde. Jusqu'ici, il n'avait pas compris qu'il était le seul responsable de sa situation. Il n'avait connu que des échecs, y compris avec une personne aussi douce et belle qu'Angelina.

Pour la première fois, des larmes coulèrent le long de ses joues et il éprouva un profond remords pour la manière dont il avait traité ses proches. Il se souvint de l'époque où il rentrait très tard le soir à la maison, ivre, et battait Angelina. Il pensa à tout cela et, soudain, une goutte de compassion pénétra dans son cœur, tellement rempli de souffrances et d'afflictions. Et il continua de pleurer. Plus il pleurait, et plus son cœur était soulagé. Une transformation se produisit en lui. Il commença à comprendre ce qu'Angelina avait essayé de lui expliquer : la manière de vivre selon les Cinq entraînements à la Pleine Conscience et de pratiquer l'écoute profonde et la parole aimante. Il ressentit le désir de partir sur de nouvelles bases, et il se dit que si jamais Angelina revenait, il ne serait plus le même homme. « Je saurai comment prendre soin d'elle, et comment trouver le bonheur. » À cet instant, on frappa à la porte. Angelina était de retour. David n'avait pratiqué que pendant une heure, à peine, mais sa transformation avait été profonde.

David et Angelina sont parmi nous

Ne croyez pas qu'il s'agisse d'un conte de fées. Non, David est bien vivant, il est là, parmi nous, et Angelina aussi. David était un garçon intelligent, beau, mais il avait une forte énergie d'habitude qui le poussait à imputer aux autres la responsabilité de sa souffrance. Il était incapable de communiquer avec ses parents, ses frères et sœurs, ou avec ses amis. Il ne souhaitait pas les rendre malheureux, mais son énergie d'habitude était trop forte, aussi ne pouvait-il s'empêcher de leur faire du mal. Il croyait être la personne la plus seule au monde. Il désirait ardemment que quelqu'un le comprenne, se tienne à ses côtés. Nous avons tous un tel désir, c'est très humain.

Nous avons besoin d'un être qui puisse réellement nous comprendre et nous aider à affronter les difficultés de la vie.

Il n'est donc pas difficile de comprendre le désir le plus profond de David, ou bien encore ses difficultés. Un jour, Angelina est entrée dans sa vie. De temps à autre, ce genre d'événement heureux nous arrive, à nous aussi : une personne merveilleuse change notre existence. Si nous savons prendre soin d'elle, notre vie prendra un sens beaucoup plus profond. Mais si nous en sommes incapables, nous ne saurons pas prendre soin de notre Angelina. Alors, nous nous mettrons en colère et la maltraiterons. C'est pourquoi Angelina nous a quittés, parce que notre comportement la faisait trop souffrir.

Garder Angelina dans notre vie

Quand Angelina descendit du tableau et devint réelle, elle offrit un sourire céleste à David. Elle jeta un coup d'œil au bol de nouilles et dit : « Comment peux-tu avaler une telle cochonnerie ? Attends une minute. » Puis elle disparut. Elle réapparut presque aussitôt avec un panier de légumes. Elle prépara alors un délicieux bol de nouilles pour David, très différentes de celles qu'il mangeait d'habitude.

Vous êtes peut-être un David. Angelina est douée et elle sait vous rendre heureux. Cependant, si vous êtes incapable de reconnaissance et de compréhension, vous ne pourrez pas garder votre Angelina, et elle disparaîtra. Mais vous êtes peut-être Angelina et, comme votre David était invivable, vous l'avez quitté. Bien que vous ayez fait de votre mieux pour l'aider, il était impossible de vivre avec lui. Il n'était pas capable de comprendre que vous étiez son Angelina. Son énergie d'habitude le poussait à conserver un mode de vie qui intoxiquait son corps et son esprit. Ainsi, allait-il chaque soir se soûler dans un bar. Et vous aviez beau le supplier d'arrêter, il en était incapable et rentrait ivre à la maison et vous battait. Il était absolument incapable de vous écouter. Vous avez fait preuve de patience, mais celle-ci a des limites. La communication était impossible, et c'est pourquoi vous avez renoncé.

Où se trouve votre Angelina aujourd'hui ?

Qui sont David et Angelina ? Je voudrais que vous répondiez à cette question. Êtes-vous David ? Si c'est le cas, où se trouve votre Angelina aujourd'hui ? Est-elle toujours à votre côté, ou vous a-t-elle quitté ? Que lui avez-vous fait ? Comment l'avez-vous traitée ? Avez-vous pris soin d'elle ? Avez-vous réussi à la rendre heureuse ? Nous devons tous nous poser ces questions très importantes qui nous aideront à regarder profondément en nous-mêmes.

Il s'agit d'une véritable méditation. David est peut-être votre compagnon ou compagne, ou bien est-ce Angelina. Angelina peut être un homme ou une femme, tout comme David, d'ailleurs. Angelina est entrée dans votre vie. Au début, vous étiez très heureux avec elle, vous chérissiez sa présence. Vous pensiez qu'avec elle, la vie vaudrait à nouveau la peine d'être vécue. Mais vous n'avez pas été capable de conserver cette vision profonde. Vous avez oublié qu'Angelina était un cadeau du ciel. Vous l'avez tellement fait souffrir qu'elle vous a quitté. À un moment donné, elle vous a supplié de pratiquer les Cinq entraînements à la Pleine Conscience, mais à cause de votre forte énergie d'habitude, vous avez systématiquement rejeté sa proposition. Elle vous suppliait de consommer avec modération, de cesser de fumer et de boire de l'alcool. Elle vous suggérait de recourir à la parole aimante, à l'écoute profonde, de fréquenter des gens positifs, et non ceux qui arrosent les graines négatives des autres.

Mais vous ne l'avez jamais écoutée. Vous avez continué à vivre comme avant, poussé par votre énergie d'habitude, et c'est la raison pour laquelle elle a dû vous quitter.

Votre Angelina est peut-être votre fille ou votre fils. Cet enfant est entré dans votre vie. Comment l'avez-vous traité ? Êtes-vous capable de vivre avec lui dans l'harmonie, la paix et l'amour ? Ou bien éprouvez-vous des difficultés avec votre Angelina ? Il se peut qu'elle vous ait quitté. Dans l'histoire, après le départ d'Angelina, David était sur le point de mettre fin à ses jours. Mais il s'est souvenu du discours du moine sur la communication et l'encens et, en un éclair, son désespoir s'est transformé en espoir. Il a voulu croire que s'il offrait l'encens de la Pleine Conscience et de la concentration, Angelina reviendrait vers lui. Il a eu ainsi l'occasion de réfléchir et de passer son existence en revue.

Repartir sur de nouvelles bases

Notre quotidien est une course permanente. Nous n'avons ni l'envie ni la possibilité de faire une pause pour examiner en profondeur notre vie. Pourtant, c'est quelque chose que nous devons faire si nous voulons comprendre notre situation. David s'est assis pendant quarante-cinq minutes dans sa chambre pour repasser le film de son existence. Il a ainsi compris beaucoup de choses et s'est mis à pleurer pour la première fois de sa vie, en découvrant la réalité de son énergie d'habitude et les souffrances qu'il avait infligées à son entourage, à ses parents, à ses amis, à ses frères et sœurs et à lui-même.

Certains d'entre nous pratiquent la méditation assise chaque jour, mais parviennent-ils pour autant à ce genre de prise de conscience ? Durant votre pratique, vous devez imaginer que votre Angelina entre dans votre vie comme un ange. Vous devez comprendre pourquoi la situation s'est détériorée entre vous et elle : pourquoi vous l'avez traitée ainsi, pourquoi vous l'avez fait souffrir et pourquoi elle vous a quitté. Ce type d'introspection est en réalité une méditation profonde. La vision profonde que vous obtenez vous indique précisément ce que vous devez faire ou ne pas faire. Vous pouvez par exemple offrir l'encens du cœur et faire ainsi revenir Angelina. Angelina est toujours là. Son cœur est toujours rempli d'amour. Elle est prête à pardonner, si vous savez comment brûler l'encens de votre cœur, celui des entraînements à la Pleine Conscience, de la concentration et de la vision profonde.

La vie a peut-être été particulièrement généreuse avec vous, vous avez rencontré plusieurs Angelina. Votre compagnon ou compagne, votre fils, votre fille, votre père, votre mère sont également vos Angelina. La pratique consiste à appeler votre Angelina par son véritable nom, à la reconnaître et à l'apprécier en tant que personne réelle. Surtout, ne dites pas qu'aucune Angelina n'a jamais croisé votre route. Ce n'est pas vrai. Asseyez-vous en Pleine Conscience et invoquez silencieusement son nom. « Mon Angelina, je suis désolé. Tu es entrée dans ma vie, et je t'ai fait souffrir. Par la même occasion, je me suis fait souffrir moi-même. Ce n'était pas mon intention. J'ai été maladroit. Je n'ai pas su nous protéger grâce à la pratique des entraînements à la Pleine Conscience. Je veux repartir sur de nouvelles bases. » Si votre pratiquez réellement ainsi, Angelina reviendra vers vous.

Protéger mes Angelina

Moi aussi, je suis un David. Il y a de nombreuses Angelina dans ma vie. Et dans ma petite salle de méditation, j'ai accroché la photographie d'une centaine de mes Angelina : il s'agit des élèves de nos centres de pratique en France et aux États-Unis. Avant de commencer ma méditation assise, je regarde toujours cette photo et je m'incline devant toutes mes Angelina. Ensuite, je m'assois et fais le vœu de me comporter de telle sorte qu'elles ne me quittent jamais, de pratiquer la parole consciente, les entraînements à la Pleine Conscience, et de ne pas trahir mes Angelina. Ce faisant, j'évite de les affliger et je suis en mesure de leur apporter de la joie. Cela me rend très heureux.

Si votre Angelina vous a délaissé, qu'allez-vous faire pour qu'elle revienne dans votre vie ? Votre Angelina est peut-être toujours avec vous, mais elle est sur le point de vous quitter, ou bien elle l'a d'ores et déjà fait. Dans les deux cas, la pratique de la protection est appropriée, parce qu'elle peut vous aider à garder Angelina ou à la faire revenir vers vous. Je vous en prie, ne vous perdez pas dans des notions abstraites. Les enseignements spirituels sont vivants, et ils peuvent vous aider à protéger votre Angelina. La sagesse et la compassion authentiques sont le fruit de l'expérience de la souffrance réelle. Dans cette situation, ce type de Dharma est approprié et efficace. Prenez tout votre temps et consacrez toute votre énergie à l'exploration de votre être, puis posez-vous ces questions : « Où se trouve actuellement mon Angelina ? » « Comment l'ai-je traitée ? » Et si elle vous a quitté : « Que faire pour qu'elle me revienne ? »

9.

Maîtriser sa colère en Pleine Conscience

Les nœuds de la colère

Il y a, dans notre conscience, des blocs de souffrance, de colère et de frustration que l'on appelle « formations internes ». On les appelle également « nœuds », parce qu'ils nous ligotent et entravent notre liberté.

Chaque fois que l'on vous insulte ou cherche à vous nuire, un nœud interne – ou formation – se crée dans votre conscience, et il mettra beaucoup de temps à disparaître si vous ne savez pas le défaire et le transformer. Et la prochaine fois que l'on vous agressera d'une manière ou d'une autre, il se renforcera. Ces nœuds ou blocs de souffrance ont le pouvoir de nous dicter notre comportement.

Au bout d'un certain temps, il devient très difficile de transformer ou de défaire ces nœuds cristallisés. La formation interne est nommée *samyojana* – « cristalliser » – en sanskrit. Chacun d'entre nous recèle en lui de telles formations dont il doit prendre soin. Grâce à la pratique de la méditation, nous pouvons défaire ces nœuds et faire l'expérience de la transformation et de la guérison.

Les formations internes ne sont pas toutes négatives. Certaines sont agréables, mais elles peuvent quand même nous faire souffrir. Le fait de goûter, d'entendre ou de voir quelque chose d'agréable peut devenir un nœud interne puissant. Dès qu'il disparaît, l'objet de votre plaisir commence à vous manquer et vous vous mettez aussitôt à sa recherche. Vous consacrez alors beaucoup de temps et d'énergie à essayer d'éprouver à nouveau ce plaisir, comme celui de fumer de la marijuana ou de boire de l'alcool. Cela peut produire une formation interne dans l'organisme et dans l'esprit. On n'arrive plus à s'en passer et l'on en veut sans cesse davantage. La force du nœud interne nous domine et dicte notre comportement. C'est pourquoi ils nous privent de notre liberté.

Tomber amoureux est une puissante formation interne. Quand vous l'êtes, vous pensez uniquement à l'autre. Vous n'êtes plus libre. Vous ne pouvez plus rien faire ; vous ne pouvez plus étudier, ni travailler, ni profiter d'un beau soleil, ni contempler la beauté de la nature autour de vous. Vous ne pensez plus qu'à l'objet de votre amour. C'est la raison pour laquelle nous assimilons ce phénomène à une sorte d'accident : « tomber amoureux ». Vous tombez, vous avez perdu votre équilibre. C'est la raison pour laquelle l'amour peut être considéré comme un nœud interne.

Qu'ils soient agréables ou désagréables, tous les nœuds nous privent de notre liberté. Nous devrions donc protéger très soigneusement notre corps et notre esprit, afin de les empêcher de s'enraciner en nous. Les drogues, l'alcool et le tabac créent des formations internes dans notre corps, tandis que la colère, les désirs irrépressibles, la jalousie et le désespoir en créent dans notre esprit.

L'entraînement à l'agression

La colère est une formation interne et, comme elle est douloureuse, nous faisons tout ce qui est en notre pouvoir pour nous en débarrasser. Les psychologues aiment employer l'expression « se débarrasser de ». Et ils disent qu'il faut « évacuer » sa colère, tout comme on aère une pièce remplie de fumée. Pour se délivrer de sa colère, certains d'entre eux conseillent de la décharger en cognant sur un oreiller ou en hurlant en pleine forêt.

Les parents interdisent à leurs enfants de dire des gros mots, parce qu'ils sont nocifs et qu'ils portent atteinte aux relations. C'est pourquoi ceux-ci hurlent ces mots à tue-tête dans les bois ou dans un endroit isolé pour se libérer d'un sentiment d'oppression. Il s'agit d'une décharge émotionnelle.

Les gens qui utilisent ces techniques ne font en réalité que reproduire leur colère. Ceux qui cherchent à évacuer leur affect en martyrisant un objet prennent une dangereuse habitude. Ils s'entraînent à l'agression. Notre pratique est autre : nous générons l'énergie de la Pleine Conscience et prenons soin de la colère chaque fois qu'elle se manifeste.

Traiter la colère avec tendresse

La Pleine Conscience ne combat pas les émotions négatives, elle est là pour reconnaître qu'une chose est inscrite dans le moment présent. « En inspirant, je sais que la colère s'est manifestée en moi ; en expirant, je lui souris. » Il ne s'agit pas d'un acte de répression ou de combat, mais d'un acte de reconnaissance. Dès lors que nous reconnaissons notre affect, nous l'enveloppons d'un épais voile de conscience et de tendresse.

Quand il fait froid dans une pièce, on met le radiateur en marche, qui commence alors à diffuser des vagues d'air chaud. Il n'est pas nécessaire que l'air froid quitte la pièce pour que celle-ci soit bien chauffée. L'air froid est enveloppé par l'air chaud et se réchauffe – il n'y a aucun combat entre eux.

Le même phénomène se déroule quand nous prenons soin de notre colère. La Pleine Conscience reconnaît l'émotion, elle reconnaît sa présence et lui permet d'être là. Cette pratique est comme un grand frère qui ne condamne pas son cadet malheureux et lui dit simplement : « Cher petit frère, je suis là pour toi. » Il la prend dans ses bras et le réconforte. C'est exactement notre pratique.

Imaginons une mère en colère contre son bébé. Elle le frappe quand il se met à crier. Cette mère ne sait pas que son enfant et elle ne font qu'un. Nous sommes les mères de notre « bébé colère ». Nous devons l'aider et non le combattre et essayer de le détruire, car il est une partie de nous-mêmes, tout comme notre compassion. Méditer, ce n'est pas lutter. Dans le bouddhisme, la pratique de la méditation doit être celle de l'acceptation et de la transformation, et non celle du combat.

Utiliser la colère, utiliser la souffrance

Pour faire pousser l'arbre de l'illumination, nous devons faire bon usage de nos afflictions. Prenons l'exemple des fleurs de lotus ; on ne peut pas les cultiver sur du marbre. Un vase est indispensable.

Les praticiens de la méditation ne font pas preuve de discrimination à l'encontre de leurs formations internes, ils ne les rejettent pas. Nous ne nous transformons pas en un champ de bataille où le bien affronterait le mal. Nous traitons nos afflictions avec beaucoup de tendresse. Lorsque la fureur nous submerge, nous pratiquons aussitôt la respiration consciente : « En inspirant, je sais que la colère est en moi ; en expirant, j'en prends bien soin. » Nous nous comportons exactement comme une mère : « En inspirant, je sais que mon bébé est en train de crier ; en expirant, je prends soin de lui. » C'est la pratique de la compassion.

Si vous êtes incapable d'éprouver de la compassion pour vous-même, comment pourriez-vous en manifester pour quelqu'un d'autre ? Quand la colère se manifeste, continuez à pratiquer la respiration et la marche conscientes pour générer l'énergie de la Pleine Conscience. Continuez de prendre tendrement soin de cette énergie négative en vous. Elle pourrait persister pendant un certain temps encore, mais vous êtes en sécurité, parce que le Bouddha est en vous et qu'il vous aide à maîtriser vos émotions. L'énergie de la Pleine Conscience est celle du Bouddha. Quand vous pratiquez la respiration consciente pour maîtriser votre colère, vous êtes sous la protection du Bouddha. Cela ne fait aucun doute : le Bouddha vous enveloppe, vous et votre émotion, de sa grande compassion.

Donner et recevoir l'énergie de la Pleine Conscience

Quand vous êtes hors de vous, ou désespéré, vous pratiquez la respiration et la marche conscientes pour générer l'énergie de la Pleine Conscience. Celle-ci vous permet de reconnaître et de prendre soin de ces affects pénibles. Si cette énergie est trop faible, demandez à un frère ou à une sœur de pratique de s'asseoir à vos côtés, de respirer et de marcher avec vous, afin de vous soutenir avec son énergie de la Pleine Conscience.

Cette pratique n'implique pas de tout faire tout seul. Exercez-vous avec vos amis. Ils peuvent générer suffisamment d'énergie de la Pleine Conscience pour vous aider à prendre soin de vos émotions.

Grâce à notre Pleine Conscience, nous pouvons également soutenir les autres quand ils sont en difficulté. Quand notre enfant est submergé par une forte émotion, nous pouvons lui prendre la main et lui dire : « Mon cher enfant, respire. Inspire et expire avec maman, avec papa. » Nous pouvons également l'inviter à effectuer une marche méditative en notre compagnie, en le prenant gentiment par la main et nous efforçant de le calmer, à chaque pas. Le fait de lui donner un peu de notre énergie de la Pleine Conscience lui permet de maîtriser ses émotions et de trouver très rapidement l'apaisement.

Reconnaître la souffrance de la colère et la soulager

La première fonction de la Pleine Conscience est de reconnaître, et non de combattre. « En inspirant, je sais que la colère s'est manifestée en moi. Bonjour, ma petite colère. En expirant, je prends soin d'elle. »

Dès lors que nous avons reconnu notre affect, nous pouvons en prendre soin. C'est la deuxième fonction de la Pleine Conscience, et c'est une pratique très agréable. Au lieu de lutter contre notre émotion, nous nous en occupons. Si vous êtes capable de pratiquer ainsi, un changement interviendra inéluctablement.

Nous avons dit à plusieurs reprises que ce processus est semblable à la cuisson de pommes de terre. Il faut couvrir la casserole, et ensuite l'eau commence à bouillir. Il faut laisser le tout sur le feu pendant au moins vingt minutes pour que les pommes de terre puissent cuire. Votre colère est une sorte de pomme de terre et vous ne pouvez pas la manger crue.

La Pleine Conscience est le feu qui permet de cuire les pommes de terre de la colère. Vous pouvez obtenir un soulagement en quelques minutes, si vous savez reconnaître votre exaspération et en prendre soin. Celle-ci est toujours là, mais votre peine a fortement diminué, parce que vous savez vous occuper de votre bébé. Ainsi, la troisième fonction de la Pleine Conscience est l'apaisement, le soulagement. L'émotion négative est présente, mais on prend soin d'elle. La situation n'est plus chaotique, avec l'enfant qui pleure tout seul dans son coin. La mère est là pour prendre soin du bébé et la situation est sous contrôle.

Maintenir vivante la Pleine Conscience

Et qui est donc cette mère ? C'est le Bouddha vivant. La capacité d'être pleinement conscient, la capacité de compréhension, d'amour et de compassion est le Bouddha en nous. Chaque fois que nous générons la Pleine Conscience, le Bouddha en nous devient réalité. Ainsi, nous n'avons plus à nous inquiéter de quoi que ce soit. Tout ira bien si nous savons maintenir vivant le Bouddha en nous.

Il est important de reconnaître que nous avons en permanence le Bouddha en nous quand nous sommes exaspérés, odieux ou désespérés. Cela signifie que nous avons toujours la faculté de conscience, de compréhension et d'amour.

Pour atteindre le Bouddha en vous, pratiquez la respiration ou la marche conscientes. Stimulez la graine de la Pleine Conscience en vous ; le Bouddha se manifestera alors dans votre esprit conscient et prendra soin de votre trouble. Vous n'avez pas à vous inquiéter. Continuez simplement à pratiquer la respiration ou la marche consciente afin de maintenir le Bouddha vivant. Alors, tout ira pour le mieux. Le Bouddha reconnaît. Le Bouddha protège. Il soulage et examine en profondeur la nature de la colère, il comprend. Et cette compréhension entraînera une transformation.

L'énergie de la Pleine Conscience contient celle de la concentration ainsi que celle de la vision profonde. La concentration nous aide à focaliser notre attention sur un seul point. Grâce à elle, la vision se renforce. De ce fait, elle peut favoriser la vision profonde. Celle-ci a toujours le pouvoir de nous libérer. Si la Pleine Conscience est présente, et si vous savez la maintenir vivante, la concentration et la vision profonde seront également présentes. Ainsi, la Pleine Conscience reconnaît, protège et soulage. Elle nous aide à regarder profondément pour pouvoir comprendre, ce qui nous permet de nous libérer et de nous transformer. C'est la pratique bouddhiste de la maîtrise de la colère

Le sous-sol et la salle de séjour

Imaginons qu'une maison représente notre conscience. Divisons-la en deux parties : le sous-sol représente la conscience du tréfonds et le séjour, la conscience mentale. Les formations internes, comme la colère, demeurent dans la conscience du tréfonds – au sous-sol – sous la forme de graines, jusqu'à ce que nous entendions, voyions, lisions ou imaginions quelque chose qui en stimule une, celle de la colère, par exemple. Celle-ci remonte alors à la surface et se manifeste au niveau de notre conscience mentale – notre salle de séjour – sous la forme d'une zone d'énergie qui rend l'atmosphère lourde et désagréable. L'énergie de la colère nous accable chaque fois qu'elle remonte à la surface.

Dès que la colère surgit, le praticien invite l'énergie de la Pleine Conscience à se manifester également, à travers la pratique de la marche et de la respiration conscientes. Ainsi, une autre zone d'énergie – celle de la Pleine Conscience – est créée. Il est extrêmement important d'apprendre à marcher, à respirer, à nettoyer et à travailler en Pleine Conscience dans notre vie quotidienne. Par la suite, chaque fois qu'une énergie négative se manifestera, nous en prendrons soin en l'imprégnant de l'énergie de la Pleine Conscience que nous aurons générée.

L'esprit a lui aussi besoin d'une bonne circulation

Le corps contient des toxines qui s'accumulent dans certaines zones quand le sang circule mal. Pour rester en bonne santé, l'organisme doit éliminer ces toxines. Le massage stimule la circulation du sang qui nourrit différents organes – reins, foie et poumons. Ceux-ci peuvent alors éliminer les toxines. C'est pourquoi il est important que le sang circule bien. Boire beaucoup d'eau et pratiquer la respiration profonde favorise cette élimination à travers la peau, les poumons, les urines et les excréments. Toutes les pratiques qui facilitent l'élimination des toxines de notre organisme sont très importantes.

Maintenant, supposons que j'aie un point très douloureux dans mon corps en raison d'une accumulation de toxines. Chaque fois que je touche ce point, j'ai mal. Ce phénomène est semblable au fait de toucher un nœud interne dans l'esprit. La pratique de la Pleine Conscience est similaire au massage d'une formation interne. Vous pouvez avoir en vous un bloc de souffrance, de chagrin ou de désespoir qui est en réalité un poison, une toxine dans votre conscience. Vous devez pratiquer la Pleine Conscience pour prendre soin de cette toxine et la transformer.

Le fait de nourrir sa souffrance et son chagrin avec l'énergie de la Pleine Conscience est aussi un massage, celui de la conscience. Celle-ci peut aussi être affectée par une mauvaise circulation, dans ce cas-là, les organes ne peuvent fonctionner correctement et la maladie s'installe. De même, quand l'énergie psychique circule mal, l'esprit tombe malade. La Pleine Conscience est une énergie qui stimule et accélère la circulation dans tous les blocs de souffrance.

Occuper la salle de séjour

Ces blocs d'émotions négatives cherchent en permanence à se manifester dans notre Pleine Conscience, dans notre salle de séjour, parce qu'ils se sont développés et qu'ils ont besoin de notre attention. Ils veulent se manifester, mais nous ne voulons pas qu'ils remontent à la surface pour éviter d'y être confrontés. C'est pourquoi nous essayons de leur barrer le passage. Nous voulons qu'ils restent en sommeil au sous-sol. Pour éviter de les côtoyer, nous avons pris l'habitude d'inviter d'autres hôtes dans notre séjour. Chaque fois que nous avons dix ou quinze minutes d'oisiveté, ces nœuds internes remontent et sèment le désordre dans le séjour. Pour éviter cela, nous prenons un livre, nous allumons la télévision, nous allons faire un tour en voiture, bref, nous faisons n'importe quoi pour que notre séjour soit occupé afin que ces formations internes désagréables ne puissent se manifester.

Toutes les structures mentales ont besoin de circuler, mais nous ne souhaitons pas les rencontrer car elles nous font souffrir. Nous voulons qu'elles restent enfermées. Nous avons peur de les laisser remonter, de souffrir. C'est la raison pour laquelle nous avons pris l'habitude de remplir notre séjour d'invités, que ce soit un poste de télévision, des livres, des magazines ou même des conversations. Au bout d'un certain temps, nous créons ainsi une mauvaise circulation dans notre psychisme, et des symptômes de maladie mentale et de dépression commencent à apparaître. Ils peuvent se manifester dans notre corps comme dans notre esprit.

Quand on a mal à la tête, on prend un cachet d'aspirine, mais il arrive parfois qu'il ne disparaisse pas. Ce genre de mal de tête peut être un symptôme de maladie mentale. Il nous arrive parfois de souffrir d'une allergie. Nous pensons qu'il s'agit d'un trouble physique, mais cela peut aussi être un symptôme de maladie mentale. Le médecin nous prescrit des médicaments, et nous continuons ainsi à refouler nos formations internes, ce qui ne fait qu'aggraver la maladie.

Faire en sorte que les hôtes indésirables se sentent comme chez eux

Quand vous lèverez l'embargo et que les blocs de souffrance se manifesteront, vous ne pourrez éviter un certain mal-être. Il n'y a pas moyen d'y échapper. Et c'est pourquoi le Bouddha recommandait de prendre soin de ce sentiment pénible. À cet égard, la pratique de la Pleine Conscience est essentielle. Grâce à elle, on génère une puissante source d'énergie qui permet d'en reconnaître les formes négatives et d'en prendre soin. Le Bouddha est en vous à travers l'énergie de la Pleine Conscience. Vous devez donc l'inviter à se manifester et à prendre soin de ces nœuds internes. S'ils ne veulent pas se manifester, persuadez-les aimablement de le faire. Après avoir été traités avec douceur pendant un certain temps, ils retourneront au sous-sol et redeviendront graines.

Le Bouddha dit que nous possédons tous la graine de la peur en nous, mais que la plupart d'entre nous la rejettent en la séquestrant dans le noir. Pour nous aider à identifier et à examiner en profondeur cette graine, le Bouddha nous a offert ces Cinq vérités :

> Je suis sûr de devenir vieux, je ne peux éviter de prendre de l'âge.

· Je suis sûr de devenir malade, je ne peux éviter totalement la maladie.
· Je suis sûr de mourir. Je ne peux éviter la mort.
· Tout ce qui m'est cher et que j'aime est sujet au changement et je ne peux éviter d'en être séparé. Je suis venu ici-bas les mains vides, et j'en repartirai les mains vides.
· Je suis maître et héritier de mes propres actes ; les actes sont la matrice dont je suis issu.

Nous devons pratiquer ainsi tous les jours, prendre un petit moment pour méditer sur chaque vérité au rythme de notre respiration. Nous devons pratiquer les Cinq vérités pour que la graine de la peur puisse circuler. Nous devons l'inviter à venir à notre rencontre afin qu'elle soit reconnue et prise en compte. Ensuite, lorsqu'elle redescendra, sa force aura diminué.

Lorsque nous aurons traité ainsi nos peurs, nous serons mieux à même de prendre soin de notre colère, engendrée par la peur. On ne peut être en paix quand on est effrayé, car on crée ainsi le terreau sur lequel la colère se développe. La peur est fondée sur l'ignorance, et ce manque de compréhension est également une des causes principales de la colère.

Chaque fois que vous donnez à vos formations internes un bain de Pleine Conscience, les blocs de souffrance en vous se réduisent et perdent de leur dangerosité. C'est pourquoi vous devez donner à vos émotions négatives un bain de Pleine Conscience chaque jour. C'est là notre pratique. Sans cela, la manifestation de ces graines est très désagréable. Mais quand on sait générer l'énergie de la Pleine Conscience, le fait d'inviter ces graines chaque jour et d'en prendre soin se révèle très curatif. Après plusieurs jours de ce traitement, on crée une bonne circulation dans son psychisme, et les symptômes de maladie mentale commencent à disparaître.

La Pleine Conscience effectue un travail de massage sur vos formations internes, sur vos blocs de souffrance. Vous devez leur permettre de circuler, et cela n'est possible que si vous ne les craignez pas. Quand vous n'aurez plus peur de vos nœuds de souffrance, vous pourrez les imprégner de l'énergie de la Pleine Conscience et les transformer.

10.

La respiration consciente

Respirez pour prendre soin de sa colère

Nous devons apprendre à maîtriser l'énergie de la colère, celles de la jalousie ou du désespoir quand elles se manifestent en nous. Sinon, elles nous submergeront et nous souffrirons énormément. La respiration consciente peut nous aider à prendre soin de ces émotions.

Pour ce faire, nous devons d'abord prendre soin de notre corps. En prenant conscience de nos inspir et expir, nous prendrons conscience de notre corps. « En inspirant, je suis conscient de mon corps tout entier. En expirant, je suis conscient de mon corps tout entier. » Revenez à votre corps. Imprégnez-le de l'énergie de la Pleine Conscience générée par cette pratique.

Nous sommes absorbés par une multitude de tâches quotidiennes, et nous en oublions à quel point le corps est important. Celui-ci peut souffrir ou être atteint d'une maladie. C'est pourquoi il faut revenir au corps, l'étreindre avec tendresse, en Pleine Conscience, exactement comme une mère qui berce tendrement son bébé dans ses bras. Ensuite, nous devons prendre soin de chacune de ses parties, l'une après l'autre – les yeux, le nez, les poumons, le cœur, l'estomac, les reins, etc.

Relaxation profonde pour maîtriser et guérir la colère

La meilleure position pour pratiquer cette relaxation est la position allongée. Concentrez votre attention sur une partie de votre corps – le cœur, par exemple. Tout en inspirant, prenez conscience de celui-ci et, en expirant, souriez-lui. Envoyez-lui votre amour, votre tendresse.

L'énergie de la Pleine Conscience est comme un rayon de lumière qui dévoile chaque partie du corps. Si, aujourd'hui, on peut utiliser des scanners pour scruter minutieusement chaque région du corps, leurs rayons lumineux constituent cependant un faisceau de rayons X, très différents des rayons compatissants de la Pleine Conscience.

La relaxation profonde est la pratique qui consiste à balayer le corps avec un rayon de Pleine Conscience (voir le texte sur la Relaxation Profonde à l'appendice D). Voici une instruction favorisant la respiration consciente : « En inspirant, je calme mon corps tout entier. En expirant, je calme mon corps tout entier. » L'énergie de la Pleine Conscience favorise la détente et l'apaisement d'un corps agité et tendu, qui peut ainsi entamer son processus de guérison et apporter ensuite à l'esprit détente et guérison.

Selon cet enseignement, le souffle est une partie

du corps. Celui qui a peur ou qui est en colère a le souffle court, bruyant, agité, et la qualité de sa respiration est très faible. Mais si l'on sait inspirer et expirer en Pleine Conscience, alors, en quelques minutes à peine, la respiration s'améliore. Elle devient plus légère, moins bruyante et plus harmonieuse. Et l'esprit commence à s'apaiser.

La respiration, comme la méditation, est tout simplement un art. Il faut être très habile pour gérer son inspir et son expir, afin de rétablir l'harmonie dans le corps et dans l'esprit. Si vous la gérez avec violence, vous serez dans l'incapacité de créer l'harmonie et la paix dans votre corps ou dans votre conscience. Dès lors qu'elle s'est apaisée et approfondie, vous pouvez continuer à respirer ainsi pour traiter les différentes parties de votre corps.

Allongez-vous pour pratiquer la respiration consciente et générer l'énergie de la Pleine Conscience. Balayez votre corps avec le rayon compatissant de la Pleine Conscience, depuis le sommet de la tête jusqu'à la plante des pieds. Cela peut prendre une demi-heure. C'est la meilleure façon de montrer votre intérêt et votre amour pour votre corps.

Chacun de nous devrait être capable de faire cet exercice quotidiennement. Vous pouvez organiser votre emploi du temps de telle sorte que chaque jour – par exemple avant d'aller vous coucher – tous les membres de votre famille puissent s'allonger confortablement sur le sol et pratiquer une relaxation totale pendant vingt ou trente minutes. Fermez la télévision et invitez chacun à participer. Au début, vous pourriez utiliser une cassette pour guider votre famille dans la pratique de la relaxation totale. Par la suite, l'un d'entre vous pourrait conduire l'exercice, en aidant chacun à se calmer et à prendre soin de son corps.

Vous pouvez sortir indemne de la tempête

Il existe plusieurs méthodes simples pour maîtriser ses émotions fortes. L'une d'elles est la « respiration abdominale », qui consiste à respirer par le ventre. Quand nous sommes sous l'emprise d'une grande émotion, telle que la peur ou la colère, notre pratique consiste à porter notre attention sur l'abdomen. Rester au plan de l'intellect est dangereux. Les émotions fortes sont comme une tempête, et rester au milieu est très dangereux. Pourtant, c'est ce que la plupart des gens font quand ils restent cloîtrés dans leur esprit, quand ils laissent leurs sentiments les submerger. En réalité, il faut s'ancrer en portant son attention vers le bas. Il faut se concentrer sur son abdomen et pratiquer la respiration consciente, en focalisant son attention uniquement sur son mouvement alternatif. On peut faire cet exercice assis ou allongé.

Si l'on observe un arbre pendant une tempête, on s'aperçoit que son sommet est très instable et très vulnérable. Le vent peut briser à tout moment les branches les plus faibles. Mais si l'on observe le tronc, l'impression est différente : on a le sentiment que l'arbre est très solide, qu'il peut tout à fait résister aux éléments. Nous sommes semblables à des arbres. Notre tête est semblable à la cime de l'arbre durant la tempête d'une forte émotion, aussi devons-nous concentrer notre attention au niveau du nombril. Nous devons commencer par pratiquer la respiration consciente, en nous concentrant uniquement sur celle-ci et sur le mouvement de notre abdomen qui se soulève et qui s'abaisse. C'est une pratique très importante parce qu'elle nous aide à comprendre que les émotions, si fortes soient-elles, disparaissent inéluctablement au bout d'un certain temps. En vous entraînant à pratiquer ainsi durant les périodes difficiles, vous sortirez indemne de ces tempêtes.

Sachez que votre colère n'est qu'une émotion qui se manifeste durant un certain temps, puis disparaît. Pourquoi devrait-on mourir à cause d'une émotion ? Vous êtes plus que vos émotions. Il est important de garder cela à l'esprit. Au cours d'une crise, inspirez et expirez consciemment, jusqu'à ce que votre émotion disparaisse. Quand vous aurez connu quelques succès avec cet exercice, vous aurez confiance en vous-même et dans cette pratique. Ne nous laissons pas enchaîner par nos pensées et par nos sentiments. Focalisons notre attention sur notre ventre, puis inspirons et expirons. Cette tempête s'en ira, n'ayez crainte.

Reconnaître et maîtriser les constructions mentales

Pour apaiser notre corps, nous l'imprégnons de la Pleine Conscience. Nous pouvons utiliser la même méthode avec nos constructions mentales : « En inspirant et en expirant, je suis conscient de mes constructions mentales. » Dans la psychologie bouddhiste, il existe cinquante-cinq constructions mentales. Certaines sont négatives comme la colère, l'avidité et la jalousie, tandis que d'autres sont positives, comme la Pleine Conscience et l'équanimité.

Chaque fois que nous faisons l'expérience d'une construction mentale positive comme la joie ou la compassion, nous devrions inspirer et expirer afin de prendre conscience de la joie et de la compassion en nous, dont l'intensité est multipliée par dix ou par vingt quand nous l'associons à la respiration consciente. Celle-ci nous aide à prolonger leur présence et à en faire plus profondément l'expérience. Dans ces conditions, il est très important de protéger nos constructions mentales positives, comme la joie, le bonheur et la compassion, quand elles se manifestent, parce qu'il s'agit d'une nourriture qui nous aide à grandir. Nous disons que la joie de la méditation est notre « pain quotidien » parce que ce sentiment nous nourrit et nous soutient.

De même, nous devrions prendre tendrement soin de toute construction mentale négative – colère, jalousie, etc. – en l'apaisant grâce à la respiration consciente, comme une mère qui s'efforce de soulager son enfant fiévreux : « En inspirant, je calme mes constructions mentales. En expirant, je calme mes constructions mentales. »

Graines de colère, graines de compassion

Nous assimilons souvent la conscience au sol. Les graines de toutes les constructions mentales sont ensevelies dans la conscience du tréfonds. Elles naissent et se développent dans la conscience mentale où elles résident un certain temps, avant de retourner dans celle du tréfonds sous formes de graines.

La compassion réside également dans la conscience du tréfonds sous la forme d'une graine. Chaque fois qu'on la stimule ou l'arrose, celle-ci se développe et se manifeste dans la conscience mentale, le niveau supérieur de conscience. Si l'on arrose une graine positive – joie, compassion – on éprouvera un sentiment de bonheur. Si l'on arrose une graine négative – celle de la jalousie, par exemple – on ressentira de la tristesse. La joie ou la colère demeurent des graines tant qu'elles sont ensevelies dans le sol et que personne ne les stimule. Mais elles se transforment en constructions mentales dès qu'elles se manifestent dans la conscience mentale. Il faut reconnaître la colère sous ses deux formes : celle d'une graine dans la conscience du tréfonds, et celle d'une construction dans la conscience mentale. La colère est donc toujours présente, même quand elle ne se manifeste pas.

Chacun de nous recèle une graine de colère dans les profondeurs de sa conscience. Quand elle ne se manifeste pas, vous n'éprouvez aucun sentiment négatif. Vous n'en voulez à personne. Vous vous sentez bien, en pleine forme, et semblez parfaitement aimable. Vous souriez, riez et discutez. Mais cela ne signifie pas que la colère soit absente de votre être. Elle ne se manifeste peut-être pas dans votre conscience mentale, mais elle est toujours présente dans celle du tréfonds. Si quelqu'un stimule la graine de la colère en vous par ses actes ou ses paroles, celle-ci se manifestera très vite dans le séjour.

Le bon praticien n'est pas libéré à tout jamais des émotions négatives. C'est impossible. Celui qui pratique bien est celui qui sait en prendre soin dès qu'elles se manifestent. Celui qui ne pratique pas est incapable de maîtriser l'énergie de la colère, et celle-ci peut donc facilement le submerger.

Celui qui pratique l'art de vivre en Pleine Conscience ne permet pas à cet affect de le submerger ainsi. Il invite la graine de la Pleine Conscience à en prendre soin. La respiration et la marche conscientes vous aideront à atteindre cet objectif.

L'énergie d'habitude et la respiration consciente

Nous avons tous une énergie d'habitude en nous. Nous sommes suffisamment intelligents pour comprendre que toute action ou toute parole fondée sur celle-ci portera atteinte à nos relations. Et pourtant, en dépit de ce discernement, nous agissons toujours sous le coup de la colère et, en conséquence, nous affligeons notre entourage. Quand le mal est fait, nous éprouvons un profond remords et faisons le vœu de ne jamais recommencer. Nous sommes sincères et animés de beaucoup de bonne volonté. Mais lorsqu'une situation semblable se présente, nous nous comportons de la même manière et causons les mêmes torts.

L'intelligence et la connaissance ne peuvent, à elles seules, transformer l'énergie d'habitude. Seule la pratique consistant à la reconnaître, à en prendre soin et à la transformer peut être efficace. C'est la raison pour laquelle le Bouddha préconisait la pratique de la respiration consciente, qui permet de maîtriser l'énergie d'habitude dès qu'elle se manifeste. Si vous êtes capable de l'imprégner de l'énergie de la Pleine Conscience, vous serez en sécurité et ne commettrez plus les mêmes erreurs.

Un jeune ami américain, qui passait trois semaines au village des Pruniers, appréciait au plus haut point la pratique. Durant son séjour, il se montra très équilibré, compatissant et fit preuve de beaucoup de compréhension. Un jour, des moines lui demandèrent d'aller faire des provisions pour la fête de Thanksgiving. Alors qu'il s'acquittait de sa tâche, il réalisa soudain qu'il l'accomplissait dans une trop grande précipitation, afin de pouvoir rentrer au plus tôt.

C'était la première fois de son séjour qu'il éprouvait cette sensation. Au village des Pruniers, il était entouré de frères qui pratiquaient avec sérieux. Il tirait profit de leur énergie, et c'est pourquoi cette énergie d'habitude de précipitation et de stress ne s'était jamais manifestée au centre. En effectuant les courses en ville, il s'était retrouvé tout seul. Il ne pouvait plus compter sur cette énergie positive et la graine de son énergie d'habitude s'était aussitôt exprimée.

Très vite, il la reconnut et se rendit compte qu'elle lui avait été transmise par sa mère. Celle-ci était toujours très pressée ; elle voulait faire les choses le plus rapidement possible. Ayant compris cela, le jeune Américain retourna à la pratique de la respiration consciente et dit : « Bonjour maman. Je sais que tu es là. » Aussitôt, l'énergie d'habitude disparut. Il l'avait reconnue, l'avait intégrée en Pleine Conscience, et avait été en mesure de la transformer. Il retrouva la paix et la solidité qui étaient les siennes avant qu'il ne quitte la communauté. Il savait que seule la pratique au village des Pruniers lui avait permis d'obtenir ce résultat.

Nous sommes tous capables d'agir ainsi. Chaque fois que notre énergie d'habitude se manifeste, tout ce que nous avons besoin de faire consiste à la reconnaître et à l'appeler par son nom. Il suffit de respirer en Pleine Conscience et de dire : « Bonjour, ma jalousie ; bonjour, ma peur ; bonjour mon irritation et ma colère. Je sais que vous êtes là, et je suis là pour vous. Je vais prendre grand soin de vous et je vous imprégnerai de l'énergie de la Pleine Conscience. » En inspirant, nous saluons notre énergie d'habitude. En expirant, nous lui sourions. Ce faisant, elle ne peut plus nous dominer. Nous avons réussi à nous libérer.

11.

Restaurer la Terre Pure

Faire du bonheur une priorité

De temps en temps, il nous faut prendre une décision importante ; ce qui est parfois très difficile, parfois même douloureux. Mais si nous savons ce qui est le plus important pour nous, ce que nous désirons le plus dans notre existence, nous ferons plus facilement les bons choix et notre mal-être sera bien moins fort.

Prenons l'exemple d'une personne qui souhaite s'engager dans la vie monastique. Ce n'est pas une décision facile. Si son désir n'est pas absolu, alors il vaut mieux qu'elle renonce. Si elle réalise que cette vie monastique est ce qu'elle désire plus que tout au monde, tout le reste devient secondaire et la décision devient beaucoup plus facile à prendre.

J'ai écrit trois volumes sur l'histoire du bouddhisme au Viêt-nam. Tous ont été bien accueillis par les lecteurs. Il me reste un tome à rédiger, le quatrième. C'est très important : l'histoire du bouddhisme au Viêt-nam de 1964 à aujourd'hui. L'écriture de ce livre est une entreprise passionnante et enthousiasmante. J'ai vécu cette période et j'en ai donc une expérience directe. Si je n'en fais pas le récit, il se pourrait fort bien que personne d'autre n'en ait l'opportunité ni les moyens. Et cela constituerait une injustice vis-à-vis de l'Histoire. En outre, la réalisation de cet ouvrage permettrait aux gens d'en apprendre davantage sur le développement et la pratique du bouddhisme.

Il y a en moi un historien. Cette activité me procure de grandes joies car elle me permet de faire des découvertes, de révéler aux autres des événements inconnus jusque-là, et d'orienter les jeunes dans une bonne direction. Ces jeunes pourront ainsi tirer les enseignements des erreurs et des succès des générations passées. Mon désir d'écrire ce quatrième volume est donc très fort. Mais, jusqu'à présent, cela n'a pas été possible, car j'avais des choses beaucoup plus urgentes à faire, entre autres soulager la souffrance autour de moi. Je n'ai pas la possibilité de vivre comme un érudit, un historien, même si je sais que ce livre est très important. Je dispose de toute la documentation nécessaire pour le rédiger mais il me faudrait un an pour l'achever, ce qui impliquerait de renoncer aux retraites, aux discours sur le Dharma, aux consultations, etc.

Chacun a mille choses à faire dans sa vie quotidienne. Vous devez décider lesquelles sont les plus importantes à vos yeux. L'obtention d'un diplôme universitaire pourrait vous prendre cinq ou même huit années, ce qui est une longue période. Vous estimez sans doute que ce diplôme est important pour vous. C'est possible, mais il y a peut-être d'autres facteurs qui pourraient fortement contribuer à votre bien-être et à votre bonheur. Vous pourriez par exemple tenter d'ameliorer vos relations avec votre père, votre mère ou avec la personne que vous aimez. Avez-vous du temps disponible pour cela ? Il est très important de mieux communiquer avec ses proches. Vous êtes prêt à consacrer six années de votre vie à l'obtention d'un diplôme, mais auriez-vous la sagesse d'en consacrer autant à l'amélioration d'une relation ? À la maîtrise de votre colère ? Ce temps que vous consacrerez à vos relations vous apportera, à vous et à l'autre personne, le bonheur et la stabilité nécessaires au rétablissement de la communication.

Écrire un livre sur vous-même

Récemment, un professeur d'université américain est venu nous rendre visite au village des Pruniers. Il désirait à tout prix écrire un livre sur Thomas Merton et sur moi-même. Nous en avons discuté et je lui ai dit ceci : « Pourquoi n'écririez-vous pas un livre sur vous-même ? Pourquoi ne pas vous consacrer totalement à votre propre bonheur et à celui de votre entourage. Cela est plus important que d'écrire un ouvrage sur Thomas Merton et moi-même. De nombreux livres ont d'ores et déjà été consacrés à Thomas Merton. » Notre ami répondit alors, avec les meilleures intentions du monde et beaucoup d'amour : « Mais personne n'a encore rien écrit sur vous. » Je lui ai répondu : « Je me fiche de cela, mais, en revanche, il est très important pour moi que vous écriviez un livre sur vous-même, que vous le fassiez de tout votre cœur afin de vous transformer en un instrument du Dharma, de la pratique. Vous deviendrez ainsi un être libre et heureux. »

Ce qui importe le plus à mes yeux, c'est d'établir

une bonne relation avec mes étudiants. Il est de mon devoir de favoriser les conditions qui permettront aux gens de pratiquer et de changer. C'est une entreprise profondément enrichissante et gratifiante. Réussir à transformer sa souffrance et à établir une bonne relation avec les autres représente une grande victoire, non seulement pour celui qui pratique, mais aussi pour la communauté tout entière et pour la pratique elle-même. Cela est très enrichissant pour nous tous. Nous avons relaté l'histoire de la jeune nonne, au village des Pruniers, qui avait réussi à réconcilier une mère et sa fille. Il s'agit là d'un authentique succès qui avait renforcé sa foi dans la pratique, et la nôtre, par la même occasion.

Si vous avez des difficultés avec une autre personne, et si vous pensez que celle-ci ne cherche qu'à vous faire souffrir et qu'il est impossible de lui venir en aide, c'est que vous avez mal intégré les enseignements. Si vous vous sentez incapable d'établir un dialogue avec cette personne, c'est parce qu'il vous manque l'expérience de la pratique. Pourtant, vous pouvez lui parler. Nombreux sont ceux qui posent cette question : « Et si l'autre ne veut rien entendre ? » Si l'autre ne veut ni vous écouter, ni vous parler, ni chercher à résoudre le problème avec vous, alors continuez à pratiquer et à vous transformer, et la réconciliation sera possible plus tard.

Écrire un livre sur soi-même est un bon moyen de découvrir les racines de sa souffrance et de les transformer. Cela aide à devenir une personne libre et heureuse, capable de répandre le bonheur dans son entourage.

Le nectar de la compassion

Avant d'approcher la personne avec qui vous souhaitez vous réconcilier, vous devriez vous nourrir du nectar de la compassion qui naît de la compréhension de la souffrance de l'autre. Nous avons tendance à l'oublier. Nous ne voyons que notre propre douleur, et attribuons une ampleur démesurée à notre expérience vécue : « Personne n'est aussi malheureux que moi. » Cependant, grâce au soutien d'une communauté, la réalité vous apparaîtra plus clairement, et vous découvrirez que l'autre personne est elle aussi profondément accablée.

Si elle est dans cet état, c'est sans doute parce qu'elle a manqué de soutien et n'a pu progresser sur la voie de la pratique. Vous ne l'avez pas aidée, vous non plus. Vous n'êtes d'ailleurs même pas capable de vous aider vous-même. Mais les enseignements sont précisément faits pour nous nourrir du nectar de la compassion. Nous devons faire appel au Dharma et à la Sangha pour qu'ils nous aident. Le Dharma est efficace dans l'ici et maintenant.

Quitter la prison des concepts

Vous ne devriez pas pratiquer comme une machine, mais avec intelligence, afin que chaque pas, chaque respiration, vous apporte une amélioration. Chaque repas en Pleine Conscience, chaque tasse de thé, peut améliorer votre condition. Savourez les merveilles de la vie en vous et autour de vous. Nourrissez-vous en absorbant les merveilleux éléments curatifs qui vous entourent. C'est la chose la plus importante à faire.

Les idées ne sont pas nourrissantes. En réalité, les idées et les concepts deviennent très souvent des obstacles, parfois même des prisons. Nous devons les laisser derrière nous pour être en mesure d'apprécier la vie et toutes ses merveilles. Suivez les enseignements de vos compagnons praticiens qui sont capables d'être heureux et d'aimer. Il y en a. Ils n'ont aucun problème avec les autres membres de leur communauté parce qu'ils peuvent accepter tout le monde. Ils sont comblés. Nous devons cultiver, comme eux, la capacité d'être heureux. Nous vivons dans le même environnement qu'eux et nous partageons donc les mêmes conditions de bonheur. S'ils sont capables d'être heureux, pourquoi ne le pourrions-nous pas ? Qu'est-ce qui nous en empêche ?

Une lettre très importante

Si vous avez été formé à la parole aimante et à l'écoute profonde, vous pouvez résoudre tout conflit personnel en vous adressant directement à la personne concernée. Mais si vous n'êtes pas certain d'être suffisamment solide, compatissant et en paix avec vous-même pour lui parler, alors écrivez une lettre. C'est très important, parce que si votre pratique n'est pas assez sûre, même animé des meilleures intentions, vous pourriez réagir maladroitement, sous l'emprise de la colère et gâcher ainsi vos chances de réussite. C'est pourquoi il est parfois plus sûr et plus facile de rédiger un mot.

Par écrit, vous pouvez être parfaitement honnête.

Vous pouvez dire à l'autre que certains de ses actes vous ont blessé. Vous pouvez décrire tout ce que vous éprouvez à l'intérieur. Pendant que vous écrivez, efforcez-vous de rester calme, d'utiliser le langage de la paix, de la gentillesse. Essayez d'établir un dialogue. Voici un exemple de lettre : « Mon cher ami (ou Ma chère amie), je suis peut-être victime de perceptions erronées, et ce que j'écris ne reflète peut-être pas la vérité. Quoi qu'il en soit, c'est comme cela que je vis la situation. C'est ce que je ressens vraiment dans mon cœur. Si ma lettre ne te semble pas conforme à la vérité, rencontrons-nous pour examiner ensemble la situation et tenter de résoudre les malentendus. »

Dans notre tradition, les moines et les nonnes utilisent toujours ce genre de langage pour répondre aux demandes d'aide qui leur sont adressées. Ils utilisent la vision profonde de la communauté. Cela ne signifie pas que cette vision soit parfaite, mais c'est la meilleure qu'ils puissent offrir. C'est pourquoi les frères et les sœurs commencent toujours ainsi leur guidance : « En offrant cette guidance, nous sommes conscients de ce qu'il y a certaines choses que nous n'avons pas comprises. Il y a sans doute des choses positives en vous que nous n'avons pas décelées et la communauté peut avoir des perceptions erronées. » Aussi, quand vous écrivez une lettre à l'autre personne, vous devez faire de même : « Si mes perceptions ne sont pas correctes, je t'en prie, corrige-moi. » Ayez recours à la parole aimante quand vous écrivez. Si l'une de vos phrases ne vous semble pas appropriée, vous pouvez toujours la remplacer par une autre, plus compatissante.

Notre lettre doit démontrer que nous avons la capacité de percevoir la souffrance de l'autre. « Cher ami(e), je sais que tu as souffert. Je sais aussi que tu n'es pas entièrement responsable de ta souffrance. » Grâce à votre pratique du regard profond, vous avez découvert certaines causes de la souffrance de l'autre. Vous pouvez lui en parler. Vous pouvez lui parler de vos propres blessures, et lui montrer ainsi que vous comprenez les raisons de son comportement.

Prenez le temps qu'il faut – une, deux, ou même trois semaines – pour écrire votre lettre, car elle est très importante. Elle est plus importante que le quatrième volume de l'histoire du bouddhisme au Viêt-nam, plus importante que le livre sur Thich Nhat Hanh et Thomas Merton. Cette lettre est indispensable à votre bonheur. Le temps que vous consacrez à sa rédaction est encore plus important que l'année ou les années que vous consacreriez à rédiger votre thèse de doctorat, qui n'est pas aussi indispensable que cette lettre, qui est la meilleure chose que vous puissiez faire pour obtenir un résultat tangible et rétablir la communication.

Vous n'êtes pas seul dans cette entreprise. Vous avez des frères et des sœurs qui peuvent vous éclairer et vous aider. Les gens dont vous avez besoin sont là, à vos côtés, dans votre communauté. Après avoir écrit un livre, nous en confions le manuscrit à des amis ou à des spécialistes pour leur demander leur avis. Vos compagnons praticiens sont des spécialistes, parce qu'ils pratiquent tous l'écoute profonde, le regard profond et la parole aimante.

Vous êtes le meilleur médecin, le meilleur thérapeute pour celui ou celle que vous aimez. Montrez votre lettre à une sœur et demandez-lui de vous dire si vos propos sont assez gentils, assez paisibles, et si votre vision est assez profonde. Ensuite, vous pourriez la montrer à d'autres compagnons, jusqu'à ce que vous ayez le sentiment qu'elle pourra transformer et guérir l'autre.

Combien de temps, d'énergie et d'amour investirez-vous dans la rédaction de cette lettre ? Et qui pourrait refuser de vous aider dans une entreprise aussi importante ? Il est essentiel que vous rétablissiez la communication avec cette personne si chère à votre cœur, qu'il s'agisse de votre père, de votre mère, de votre fille ou de votre partenaire.

Restaurer la Terre Pure

Au début de votre relation, l'être aimé s'était engagé à vous aimer et à prendre soin de vous. Mais aujourd'hui, il est devenu très, très distant. Il ne veut plus vous voir, ni se promener main dans la main avec vous. Cela vous fait souffrir. Au début de votre relation, vous aviez l'impression d'être au paradis. Il était très amoureux de vous, et vous étiez aux anges. Aujourd'hui, il semble qu'il ne vous aime plus et qu'il vous ait abandonné. Peut-être cherche-t-il quelqu'un d'autre, une autre relation. Votre paradis est devenu un enfer dont vous n'arrivez pas à sortir.

D'où vient cet enfer ? Quelqu'un vous y a-t-il poussé et cherche-t-il à vous y maintenir ? En réalité, cet enfer est l'œuvre de votre esprit, de vos concepts, de vos perceptions erronées. Dans ces conditions, c'est seulement avec votre esprit que vous pourrez le détruire et vous libérer.

La pratique de la Pleine Conscience pour reconnaître et maîtriser la colère consiste à ouvrir la porte de cet enfer et à le transformer. C'est comme cela que vous et l'être aimé retournerez au pays de la paix. C'est possible et je suis sûr que vous y parviendrez. Bien entendu, vos amis pratiquants vous soutiendront grâce à leur vision profonde, à leur énergie de la Pleine Conscience et à leur gentillesse.

Si vous réussissez à rétablir la relation, à vous rendre heureux tous les deux, vous aurez remporté une grande victoire. Chacun en profitera, parce que chacun renforcera sa foi dans la pratique. Grâce au soutien d'autrui, vous pouvez transformer votre enfer et rétablir la Terre Pure, rétablir la paix dans votre vie quotidienne. Pourquoi ne pas commencer dès maintenant ? En écrivant cette lettre dès aujourd'hui ? Vous découvrirez qu'avec un simple stylo et une feuille de papier, il est possible de pratiquer et de transformer une relation.

Écrire votre lettre tout au long de la journée

Pendant vos activités quotidiennes, vous ne pensez pas à cette lettre. Pourtant, tout ce que vous faites devrait lui être relié.

Le temps que vous passez à écrire est, bien sûr, celui que vous consacrez à décrire vos sentiments. Mais ce n'est pas vraiment pendant ce temps que vous concevez cette lettre. Vous la concevez quand vous lavez les légumes, quand vous pratiquez la marche méditative, quand vous faites la cuisine pour la communauté. Toutes ces pratiques vous aident à devenir plus solide, plus paisible. La Pleine Conscience et la concentration que vous générez peuvent favoriser la croissance de la graine de la compréhension et de la compassion en vous. La lettre qui naîtra de la Pleine

Conscience que vous aurez générée tout au long de la journée sera merveilleuse.

Vivre chaque moment dans la beauté

Il y a environ quinze ans, une chercheuse bouddhiste américaine est venue me rendre visite alors que je me trouvais aux États-Unis. « Cher maître, vous écrivez de si merveilleux poèmes. Mais vous passez beaucoup de temps à cultiver des laitues et autres légumes. Pourquoi ne consacrez-vous pas votre temps à composer davantage ? » Elle avait lu quelque part que j'adorais cultiver des légumes, en particulier les concombres et les laitues. Elle réagissait de manière pragmatique en me suggérant d'écrire plutôt que de perdre mon temps dans mon potager.

Voici ma réponse : « Ma chère amie, si je ne cultivais pas de laitues, je ne pourrais pas écrire des poèmes. » C'est la vérité. Si vous ne vivez pas dans la concentration, dans la Pleine Conscience, si vous ne vivez pas pleinement chaque instant, alors vous ne pourrez pas écrire. Vous ne pourrez pas produire quelque chose de valeur pour l'offrir aux autres.

Un poème est une fleur que l'on offre aux gens. Un regard, un sourire ou un acte compatissant empreint d'une profonde gentillesse est aussi une fleur qui s'épanouit sur l'arbre de la Pleine Conscience et de la concentration. Même si vous n'y pensez pas pendant que vous préparez le déjeuner pour votre famille, le poème est en train de se créer. Il me faut généralement une ou plusieurs semaines pour écrire un conte, une nouvelle ou une pièce de théâtre, mais ceux-ci sont toujours présents. De même, si vous ne pensez pas à la lettre que vous écrirez à votre bien-aimé(e), celle-ci est en train de s'écrire, au tréfonds de votre conscience.

Il ne suffit pas de s'asseoir à son bureau pour écrire un conte ou une nouvelle. Il faut aussi accomplir d'autres tâches – boire du thé, préparer le petit déjeuner, laver ses vêtements, arroser les légumes. Le temps passé à faire ces choses est extrêmement important. Vous devez les effectuer correctement. Consacrez-vous entièrement à préparer les repas, à arroser le potager, et à laver la vaisselle. Vous devez apprécier tout ce que vous faites. Sérieusement. C'est très important pour votre nouvelle, pour votre lettre, ou pour tout autre projet que vous voulez réaliser.

L'illumination n'est pas coupée de la réalité quotidienne. La pratique permet d'apprendre à vivre chaque moment de votre quotidien dans la Pleine Conscience et la concentration. La conception et la réalisation d'une œuvre d'art se produisent précisément dans ces moments-là. Le temps que vous consacrez à la composition de votre musique ou de vos poèmes correspond à une naissance. L'enfant doit bien se trouver en vous pour que vous puissiez le délivrer. À l'inverse, s'il n'y en a pas, vous aurez beau rester des heures et des heures assis à votre bureau, vous ne pourrez rien produire de bon. Votre vision profonde, votre compassion et votre aptitude à rédiger des phrases qui toucheront le cœur de l'autre personne sont des fleurs qui s'épanouissent sur l'arbre de la pratique. Il faut faire bon usage de chaque instant de la vie quotidienne pour permettre à cette vision profonde et à cette compassion de s'épanouir.

Le cadeau de la transformation

Une femme enceinte est généralement très heureuse quand elle pense au bébé qui grandit en elle. Celui-ci, bien qu'il ne soit pas encore né, peut apporter beaucoup de joies à sa mère. À chaque moment de sa vie quotidienne, celle-ci a conscience de la présence de son enfant. Elle fait donc tout avec amour – boire, manger, etc. – parce qu'elle sait qu'autrement, la santé du bébé pourrait en pâtir. Elle est en permanence très attentive. Elle sait que si elle fait une erreur, si elle fume ou boit trop, c'est lui qui en subira les conséquences. Elle est donc très attentive et vit dans l'esprit de l'amour.

Celui qui pratique doit se comporter comme une mère. Nous savons que nous voulons produire quelque chose, offrir quelque chose à l'humanité, au monde. Chacun de nous porte en lui un enfant – l'enfant Bouddha – et c'est cet enfant que nous pouvons offrir. Nous devons vivre dans la Pleine Conscience pour être en mesure de prendre soin de notre bébé Bouddha.

C'est l'énergie du Bouddha en nous qui nous permet d'écrire une authentique lettre d'amour et de nous réconcilier avec l'autre. Ce genre de lettre est le fruit de la vision profonde, de la compréhension et de la compassion. Autrement, ce ne serait pas une lettre d'amour, qui, si elle est authentique, peut entraîner une transformation de l'autre et, par conséquent, du monde. Mais avant de changer l'autre, il faut qu'elle produise une transformation en vous. La rédaction de cette lettre durera peut-être toute votre vie.

Appendice A

Au village des Pruniers, des couples, des familles entières ou des amis signent souvent le traité ci-dessous lors d'une cérémonie rassemblant toute la communauté.

Cependant, vous pouvez l'adapter de la manière qui vous convient le mieux. À la fin, on y trouve des références bouddhistes, mais sachez que vous êtes libre de les remplacer par des éléments de vos propres traditions spirituelles.

Le traité de paix

Afin de vivre ensemble longtemps et dans le bonheur ; afin de développer et d'approfondir continuellement notre amour et notre compréhension, les soussignés font le vœu d'observer et de pratiquer ce qui suit.

Moi, qui suis en colère, je m'engage :

1. À me retenir de dire ou de faire quoi que ce soit qui pourrait causer davantage de tort ou envenimer la colère.
2. À ne pas réprimer ma colère.
3. À pratiquer la respiration consciente et à revenir en moi-même pour prendre soin de ma colère.
4. À faire part, dans les vingt-quatre heures, que ce soit par la parole ou par le biais d'un message de paix, de ma peine et de ma colère à la personne qui l'a suscitée.
5. À lui proposer un rendez-vous ultérieur dans la semaine – par exemple le vendredi soir –, soit verbalement, soit par un message, pour discuter plus profondément du problème.
6. À ne pas dire : « Je ne suis pas en colère, je me sens bien. Je ne souffre pas. Je n'ai vraiment aucune raison d'être irrité. »
7. À analyser minutieusement ma vie quotidienne que je sois assis, en train de marcher, allongé, au travail ou en voiture.

   Cela me permettra de découvrir mes maladresses passées et les blessures que j'ai pu infliger à l'autre par ma propre énergie d'habitude. Cela me permettra également de découvrir que la puissante graine de la colère en moi est la cause première de mon exaspération, que l'autre n'en est que la cause secondaire et cherche uniquement à trouver un soulagement à sa peine, et que tant qu'il souffrira, je ne pourrai être réellement heureux.
8. À présenter mes excuses, sans attendre le rendez-vous du vendredi, dès que j'aurai reconnu ma maladresse et mon manque d'attention.

9. À reporter le rendez-vous du vendredi si je ne me sens pas suffisamment calme pour rencontrer l'autre.

Moi, la personne qui a suscité la colère de l'autre, je m'engage :

1. À respecter les sentiments de l'autre, à ne pas le tourner en dérision et à lui laisser suffisamment de temps pour qu'il retrouve son calme.
2. À ne pas faire pression sur lui pour obtenir immédiatement une explication.
3. À lui confirmer mon acceptation d'une rencontre, que ce soit verbalement ou par écrit, et à lui assurer que je serai fidèle au rendez-vous.
4. À ne pas attendre le vendredi soir pour présenter mes excuses, si je le peux.
5. À pratiquer la respiration consciente et le regard profond.
   Cela me permettra de découvrir que j'ai en moi des graines de colère, de méchanceté et une énergie d'habitude qui rendent l'autre malheureux. Cela me permettra aussi de découvrir que je croyais soulager mon propre mal-être en faisant souffrir l'autre, ce qui était une erreur. En réalité, en le faisant souffrir, c'est moi que je fais souffrir.
6. À lui présenter mes excuses dès que j'aurai pris conscience de ma maladresse et de mon manque d'attention, sans tenter de me justifier et sans attendre le rendez-vous du vendredi.

Nous faisons le vœu, en présence du Bouddha comme témoin et en présence pleinement consciente de notre Sangha, de respecter ces articles et de les mettre en pratique de tout notre cœur. Nous invoquons les Trois Joyaux pour qu'ils nous protègent et nous accordent lumière et confiance.

Signature : -----------

Date : ---------------

À -------------------

Appendice B

Les Cinq Entraînements à la Pleine Conscience

Premier Entraînement à la Pleine Conscience

Conscient de la souffrance causée par la destruction de la vie, je fais vœu de développer ma compassion et d'apprendre à protéger la vie des autres : hommes, animaux, plantes et minéraux. Je m'engage à ne pas tuer, à ne pas laisser tuer et à ne tolérer aucun acte meurtrier dans le monde, dans mes pensées et dans ma façon de vivre.

Deuxième Entraînement à la Pleine Conscience

Conscient des souffrances provoquées par l'exploitation, l'injustice sociale, le vol et l'oppression, je fais vœu de cultiver mon amour et d'apprendre à agir pour le bien-être des personnes, des animaux, des plantes et des minéraux. Je m'engage à pratiquer la générosité en partageant mon temps, mon énergie et mes ressources matérielles avec ceux qui sont dans le besoin. Je m'engage à ne pas voler et à ne rien posséder qui ne m'appartienne. Je m'engage à respecter la propriété d'autrui et à empêcher quiconque de tirer profit de la souffrance humaine et de toute autre espèce vivante.

Troisième Entraînement à la Pleine Conscience

Conscient de la souffrance provoquée par une conduite sexuelle malsaine, je fais vœu de développer mon sens de la responsabilité afin de protéger la sécurité et l'intégrité de chaque individu, des couples, des familles et de la société. Je suis déterminé à ne pas avoir de rapports sexuels sans amour ni engagement à long terme. Afin de préserver mon propre bonheur et celui des autres, je suis déterminé à respecter mes engagements ainsi que les leurs. Je ferai tout ce qui est en mon pouvoir pour protéger les enfants des sévices sexuels et pour empêcher les couples et les familles de se désunir par suite de comportements malsains.

Quatrième Entraînement à la Pleine Conscience

Conscient de la souffrance provoquée par des paroles irréfléchies et par l'incapacité d'écouter autrui, je fais vœu de parler à tous avec amour afin de soulager leurs peines et de leur transmettre joie et bonheur. Sachant que les mots peuvent être source de bonheur ou de souffrance, je fais vœu d'apprendre à parler avec sincérité, en employant des mots qui inspirent à chacun la confiance en soi, la joie et l'espoir. Je m'engage à ne répandre aucune information dont l'authenticité ne serait pas établie, et à ne pas critiquer ni condamner ce dont je ne suis pas certain. Je m'engage à ne pas prononcer de mots qui puissent entraîner division ou discorde, une rupture au sein de la famille ou de la communauté. Je m'engage à fournir tous les efforts nécessaires à la réconciliation et à la résolution de tous les conflits, si petits soient-ils.

Cinquième Entraînement à la Pleine Conscience

Conscient de la souffrance provoquée par une consommation irréfléchie, je fais vœu d'entretenir une bonne santé physique et mentale par la pratique de la Pleine Conscience lorsque je mange, bois ou consomme, et ce, pour mon propre bénéfice, celui de ma famille et de la société. Je fais vœu de consommer uniquement des produits qui entretiennent la joie, le bien-être et la paix, tant dans mon corps que dans mon esprit, que dans le corps et la conscience collective de ma famille et de la société. Je suis déterminé à ne pas faire usage d'alcool, ni d'aucune autre forme de drogue. Je m'engage à ne prendre aucun aliment ou produit contenant des toxines (comme certaines émissions de télévision, certains magazines, livres, films ou conversations). Je suis conscient qu'en nuisant à mon corps et à mon esprit avec ces poisons, je trahis mes parents, mes ancêtres, la société et les générations futures. Par la pratique d'une consommation raisonnable, je m'engage à transformer la violence, la peur, la colère et la confusion qui sont en moi et dans la société. Je réalise qu'une discipline alimentaire et morale appropriée est indispensable pour ma propre transformation et celle de la société.

Appendice C

Méditations guidées pour un regard profond et l'apaisement de la colère

Ces méditations guidées vous paraîtront sans doute très utiles pour mettre en pratique les enseignements que vous avez reçus sur la transformation de la colère. Vous pouvez les effectuer vous-même en silence, ou bien inviter quelqu'un à diriger les méditations en lisant les exercices à haute voix.

Commencez par : « J'inspire, je sais que j'inspire. J'expire, je sais que j'expire. » Vous devriez toujours commencer par quelques instants de respiration consciente, afin d'apaiser votre esprit. Utilisez le mot-clé « j'inspire » pour accompagner l'inspiration, et le mot-clé « j'expire » pour accompagner l'expiration. Répétez ces mots-clés en silence pendant l'inspir et l'expir, afin d'atteindre réellement le sens de la méditation. Évitez de dire les mots de manière mécanique Efforcez-vous au contraire de les ressentir concrètement. À chaque exercice, inspirez et expirez de huit à dix fois, en prononçant les mots-clés à chaque inspir et à chaque expir.

Analyse de la colère

1. Je vois une personne en colère : j'inspire.	Personne en colère.
Je vois la souffrance de cette personne : j'expire.	Souffrance.
2. Je vois les souffrances qu'entraîne la colère pour moi et pour les autres : j'inspire.	La colère nuit à soi-même et aux autres.
Je vois que la colère consume et détruit le bonheur : j'expire.	La colère détruit le bonheur.
3. Je découvre les racines de la colère dans mon corps : j'inspire.	Les racines de la colère dans le corps.
Je découvre les racines de la colère dans ma conscience : j'expire.	Les racines de la colère dans la conscience.
4. Je découvre que la colère s'enracine dans les perceptions erronées et l'ignorance : j'inspire.	La colère s'enracine dans les perceptions erronées et l'ignorance.
Je souris à mes perceptions erronées et à mon ignorance : j'expire.	Sourire.

5. Je vois que l'autre personne souffre : j'inspire.	La personne en colère souffre.
J'éprouve de la compassion pour la personne en colère qui souffre : j'expire.	Sentiment de compassion.
6. Je découvre l'environnement défavorable et la tristesse de la personne en colère : j'inspire.	Personne en colère malheureuse.
Je comprends les causes de cette tristesse : j'expire.	Compréhension de la tristesse.
7. Je vois que je suis moi-même consumé par le feu de la colère : j'inspire.	Consumé par la colère.
J'éprouve de la compassion pour moi-même, alors que je brûle de colère : j'expire.	Compassion pour moi-même.
8. Je sais que la colère m'enlaidit : j'inspire.	La colère m'enlaidit.
Je comprends que je suis la cause principale de ma laideur : j'expire.	Je suis le responsable de ma laideur.
9. Je me rends compte que je suis comme une maison en feu lorsque je suis en colère : j'inspire.	Je suis comme une maison en feu.
Je prends soin de ma colère et je reviens en moi-même : j'expire.	Je prends soin de moi-même.

10. J'envisage d'aider la personne en colère : j'inspire.	Aider la personne en colère.
Je constate que je suis capable d'aider la personne en colère : j'expire.	Être capable d'aider l'autre.

Apaiser sa colère et améliorer ses relations avec ses parents

1. Je me vois comme un enfant de cinq ans : j'inspire.	Comme un enfant de cinq ans.
Je souris à l'enfant de cinq ans en moi : j'expire.	Sourire.
2. Je constate que cet enfant de cinq ans est fragile et vulnérable : j'inspire.	Cinq ans, fragile.
Je souris avec amour à l'enfant de cinq ans en moi : j'expire.	Sourire avec amour.
3. Je vois mon père comme un enfant de cinq ans : j'inspire.	Père, cinq ans.
Je souris à mon père : j'expire.	Sourire.
4. Je vois que mon père – toujours sous l'aspect d'un enfant de cinq ans – est fragile et vulnérable : j'inspire.	Père, fragile et vulnérable.

	Je souris à mon père avec amour et compréhension : j'expire.	Sourire avec amour et compréhension.
5.	Je vois ma mère comme une enfant de cinq ans : j'inspire.	Mère, cinq ans.
	Je souris à ma mère : j'expire.	Sourire.
6.	Je vois que ma mère – toujours sous l'aspect d'une enfant de cinq ans – est fragile et vulnérable : j'inspire.	Mère, fragile et vulnérable.
	Je souris à ma mère avec amour et compréhension · j'expire.	Sourire avec amour et compréhension.
7.	Je vois que mon père souffre comme un enfant : j'inspire.	Père, souffrant comme un enfant.
	Je vois que ma mère souffre comme une enfant : j'expire.	Mère, souffrant comme un enfant.
8.	Je découvre mon père en moi : j'inspire.	Père en moi.
	Je souris à mon père en moi : j'expire.	Sourire.
9.	Je découvre ma mère en moi : j'inspire.	Mère en moi.
	Je souris à ma mère en moi : j'expire.	Sourire.

10. Je comprends les difficultés de mon père en moi : j'inspire.	Les difficultés de mon père en moi.
Je suis déterminé à œuvrer à ma délivrance et à celle de mon père : j'expire.	Délivrance pour mon père et pour moi-même.
11. Je comprends les difficultés de ma mère en moi : j'inspire.	Les difficultés de ma mère en moi.
Je suis déterminé à œuvrer à ma délivrance et à celle de ma mère : j'expire.	Délivrance pour ma mère et pour moi-même.

Appendice D

LA RELAXATION PROFONDE

Voici un exemple qui pourrait vous servir de guide lors d'une relaxation profonde, pour vous-même ou pour les autres. Permettre à votre corps de se reposer est très important. Si celui-ci est détendu, votre esprit le sera également. La pratique de la relaxation profonde est essentielle à la bonne santé de l'un et de l'autre. Je vous en prie, prenez le temps de la pratiquer souvent. Bien que la durée de la méditation guidée ci-dessous soit généralement de trente minutes, n'hésitez pas à la modifier à votre convenance. Vous pouvez la réduire – seulement cinq minutes au réveil, le matin, ou avant de vous coucher, le soir, ou encore durant une courte pause au milieu d'une journée chargée. Vous pouvez aussi étendre le temps consacré à cette méditation et la pratiquer plus en profondeur. Le plus important est que vous l'appréciiez.

Étendez-vous confortablement sur le dos, au sol ou sur un lit. Fermez les yeux. Laissez vos bras reposer de chaque côté de votre corps et laissez vos jambes se détendre, les pieds tournés vers l'extérieur.

Tout en inspirant et en expirant, prenez conscience de votre corps tout entier, de toutes les zones en contact avec le sol ou avec le lit : vos talons, vos jambes, vos fesses, votre dos, le dessus de vos mains et de vos bras, l'arrière de la tête. Chaque fois que vous expirez, sentez comme vous vous enfoncez de plus en plus profondément dans le sol, en vous libérant de toute tension et de tout souci.

Tout en inspirant, concentrez votre attention sur votre abdomen qui se soulève à l'inspir et s'abaisse à l'expir. Pendant plusieurs respirations, prenez seulement conscience des mouvements de votre abdomen.

À présent, en inspirant, prenez conscience de vos pieds. En expirant, laissez-les se détendre. En inspirant, irradiez vos pieds de votre amour et, en expirant, souriez-leur. Alors que vous inspirez et que vous expirez, découvrez à quel point il est merveilleux d'avoir deux pieds qui vous permettent de marcher, de courir, de pratiquer des sports, de danser, de conduire, de mener d'innombrables activités tout au long de la journée. Remerciez vos pieds d'être présents chaque fois que vous avez besoin d'eux.

En inspirant, prenez conscience de votre jambe droite et de votre jambe gauche. En expirant, laissez toutes les cellules de celles-ci se détendre. En inspirant, souriez-leur et, en expirant, irradiez-les de votre amour. Ressentez la force et la santé de vos jambes. En inspirant et en expirant, enveloppez-les de votre tendresse et de votre sollicitude. Laissez-les se reposer, s'enfoncer doucement dans le sol. Relâchez toute tension qui pourrait les affecter.

En inspirant, prenez conscience de vos mains qui reposent sur le sol. En expirant, détendez complètement tous les muscles de vos mains, en relâchant toute tension qui pourrait les affecter. En inspirant, découvrez à quel point il est merveilleux d'avoir deux mains. En expirant, souriez-leur et enveloppez-les de votre amour. En inspirant et en expirant, prenez conscience de tout ce que vous pouvez faire avec vos deux mains : cuisiner, écrire, conduire, prendre quelqu'un par la main, prendre un bébé dans vos bras, vous laver, dessiner, jouer d'un instrument de musique, taper à la machine, bricoler, prendre soin d'un animal, tenir une tasse de thé, etc. Grâce à elles, vous pouvez faire tant de choses différentes. Efforcez-vous simplement d'apprécier la chance d'avoir deux mains et laissez toutes leurs cellules se reposer réellement.

En inspirant, prenez conscience de vos bras. En expirant, laissez-les se détendre complètement. En inspirant, irradiez-les de votre amour et, en expirant, souriez-leur. Prenez le temps d'apprécier vos bras, la force et la santé qui les caractérisent. Remerciez-les, car grâce à eux, vous pouvez étreindre quelqu'un, faire de la balançoire, aider et servir les autres, travailler dur – nettoyer la maison, passer la tondeuse à gazon, et faire tant d'autres choses tout au long de la journée. En inspirant et en expirant, laissez vos bras reposer complètement sur le sol. À chaque expiration, sentez la tension qui les quitte. En les imprégnant de votre Pleine Conscience, sentez la joie et le bien-être qui irradient chaque partie de vos bras.

En inspirant, prenez conscience de vos épaules. En expirant, laissez toute tension dans vos épaules s'écouler dans le sol. En inspirant, enveloppez-les de votre amour et, en expirant, souriez-leur avec gratitude En inspirant et en expirant, prenez conscience des tensions et du stress que vous y avez accumulés. À chaque expiration, laissez cette tension s'en aller et sentez comme elles sont beaucoup plus détendues. Baignez-les de votre tendresse et de votre sollicitude, bien conscient que loin de souhaiter leur imposer une tension trop forte, vous désirez en réalité vivre d'une façon qui leur procurera détente et bien-être.

En inspirant, prenez conscience de votre cœur. En expirant, laissez-le se reposer. En inspirant, enveloppez-le de votre amour. En expirant, souriez-lui. En inspirant et en expirant, découvrez comme il est merveilleux d'avoir un cœur qui bat dans sa poitrine, qui vous permet d'être en vie, et qui est toujours là pour vous, à chaque minute, chaque jour. Il ne prend jamais de pause. Votre cœur bat depuis le temps où vous étiez un fœtus de quatre semaines dans le ventre de votre mère. C'est un organe merveilleux qui vous permet de poursuivre toutes vos activités tout au long de la journée. Inspirez et sachez qu'il vous aime. Expirez et prenez l'engagement d'adopter un mode de vie qui favorisera son bon fonctionnement. À chaque expiration, sentez comme votre cœur se détend de plus en plus. Laissez chacune de ses cellules sourire dans la joie et le bien-être.

En inspirant, prenez conscience de votre estomac et de vos intestins. En expirant, laissez-les se détendre. En inspirant, enveloppez-les de votre amour et de votre gratitude. En expirant, souriez-leur tendrement. En inspirant et en expirant, prenez conscience du rôle extrêmement important que jouent ces organes pour votre santé. Donnez-leur l'occasion de se reposer profondément. Chaque jour, ils digèrent et assimilent les aliments que vous consommez, vous donnant ainsi énergie et force. Ils méritent que vous preniez le temps de les reconnaître et de les apprécier. En inspirant, sentez comme votre estomac et vos intestins se détendent et relâchent toutes les tensions. En expirant, prenez conscience de la bénédiction d'avoir un estomac et des intestins.

En inspirant, prenez conscience de vos yeux. En expirant, laissez vos yeux et vos muscles oculaires se détendre. En inspirant, souriez-leur et, en expirant, enveloppez-les de votre amour. Laissez-les se reposer et chavirer. En inspirant et en expirant, prenez conscience de leur caractère extrêmement précieux. Ils vous permettent de plonger votre regard dans celui d'une personne aimée, de contempler un magnifique coucher de soleil, de lire et d'écrire, de voir un film – de faire tant d'autres choses. Prenez le temps d'apprécier ce don du ciel qu'est la vue et laissez vos yeux se reposer profondément. Soulevez doucement vos paupières pour faciliter le relâchement des tensions qui pourraient affecter vos yeux.

À ce stade, vous pouvez continuer à détendre d'autres régions de votre corps, en vous inspirant du même schéma.

À présent, si une partie de votre corps est affectée d'une maladie ou d'une douleur, efforcez-vous d'en prendre conscience et de l'envelopper de votre amour. En inspirant, laissez cette région se reposer et, en expirant, souriez-lui avec beaucoup de tendresse et d'affection. Sachez qu'il y a d'autres zones de votre corps qui sont restées fortes et saines. Laissez-les envelopper de leur force et de leur énergie la partie faible ou malade. Sentez comme leur soutien et leur énergie irradient la partie faible pour l'apaiser et la guérir. Inspirez et affirmez votre propre aptitude à guérir. Expirez et débarrassez-vous des soucis et des peurs qui pourraient encore affecter votre corps. En inspirant et en expirant, souriez avec amour et confiance à la région de votre corps qui souffre encore.

Enfin, en inspirant, prenez conscience de votre corps tout entier qui est allongé. En expirant, appréciez la sensation de bien-être que vous procure votre corps allongé, détendu et calme. Souriez-lui en inspirant, puis, en expirant, enveloppez-le de votre amour et de votre compassion. Voyez comme toutes les cellules sourient joyeusement en même temps que vous. Remerciez-les. Prenez à nouveau conscience du mouvement de votre abdomen qui s'élève et s'abaisse doucement.

Si vous guidez d'autres personnes, et si vous êtes à l'aise dans cet exercice, vous pouvez maintenant chanter une chanson douce ou une berceuse.

Pour finir, étirez-vous lentement et ouvrez les yeux. Prenez votre temps pour vous lever, avec calme. Efforcez-vous de faire bénéficier votre activité suivante et le reste de la journée du calme et de l'énergie de la Pleine Conscience que vous avez générés.

TABLE

Thich Nhat Hanh a fondé des communautés de retraite dans le sud-ouest de la France (au village des Pruniers), dans le Vermont (Centre du Dharma de Green Mountain), et en Californie (Parc des cerfs), où des moines, des nonnes et des laïcs pratiquent l'art de vivre en Pleine Conscience. Les visiteurs sont invités à se joindre à la pratique pendant au moins une semaine. Pour plus d'informations, veuillez écrire à l'adresse suivante :

Village des Pruniers
13 Martineau
33580 Dieulivol
France

NH-office@plumvillage.org (pour les femmes)
LH-office@plumvillage.org (pour les femmes)
UH-office@plumvillage.org (pour les hommes)
www.plumvillage.org

Pour obtenir des informations sur nos monastères, nos centres de pratique de la Pleine Conscience et nos retraites aux États-Unis, veuillez contacter :

Green Mountain Dharma Center
P.O. Box 182
Hartland Four Corners, VT 05049
Tél : (802) 436-1103
Fax : (802) 436-1101

MF-office@plumvillage.org
www.plumvillage.org

Deer Park Monastery
2499 Melru Lane
Escondido, CA 92026
Tél : (760) 291-1003
Fax : (760) 291-1172
Deerpark@plumvillage.org

Achevé d'imprimer en septembre 2002
sur presse Cameron
dans les ateliers de
Bussière Camedan Imprimeries
à Saint-Amand-Montrond (Cher)

N° d'édition : 31603. — N° d'impression : 024078/4.
Dépôt légal : septembre 2002.

Imprimé en France

p 59